RÉALISME

Auteurs : Henri Hymans

Mise en page :
Baseline Co. Ltd
232/17 Vo Thi Sau Street
4e étage
District 3, Hô-Chi-Minh-Ville
Vietnam

ISBN: 978-1-68325-931-2

Imprimé en

Henri Hymans

RÉALISME

Courbet, Millet et la vérité de la vie ordinaire

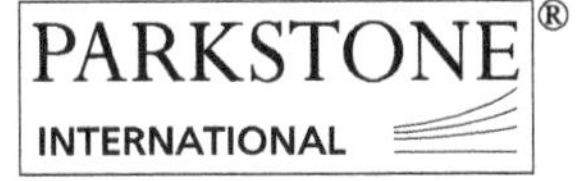

PARKSTONE®
INTERNATIONAL

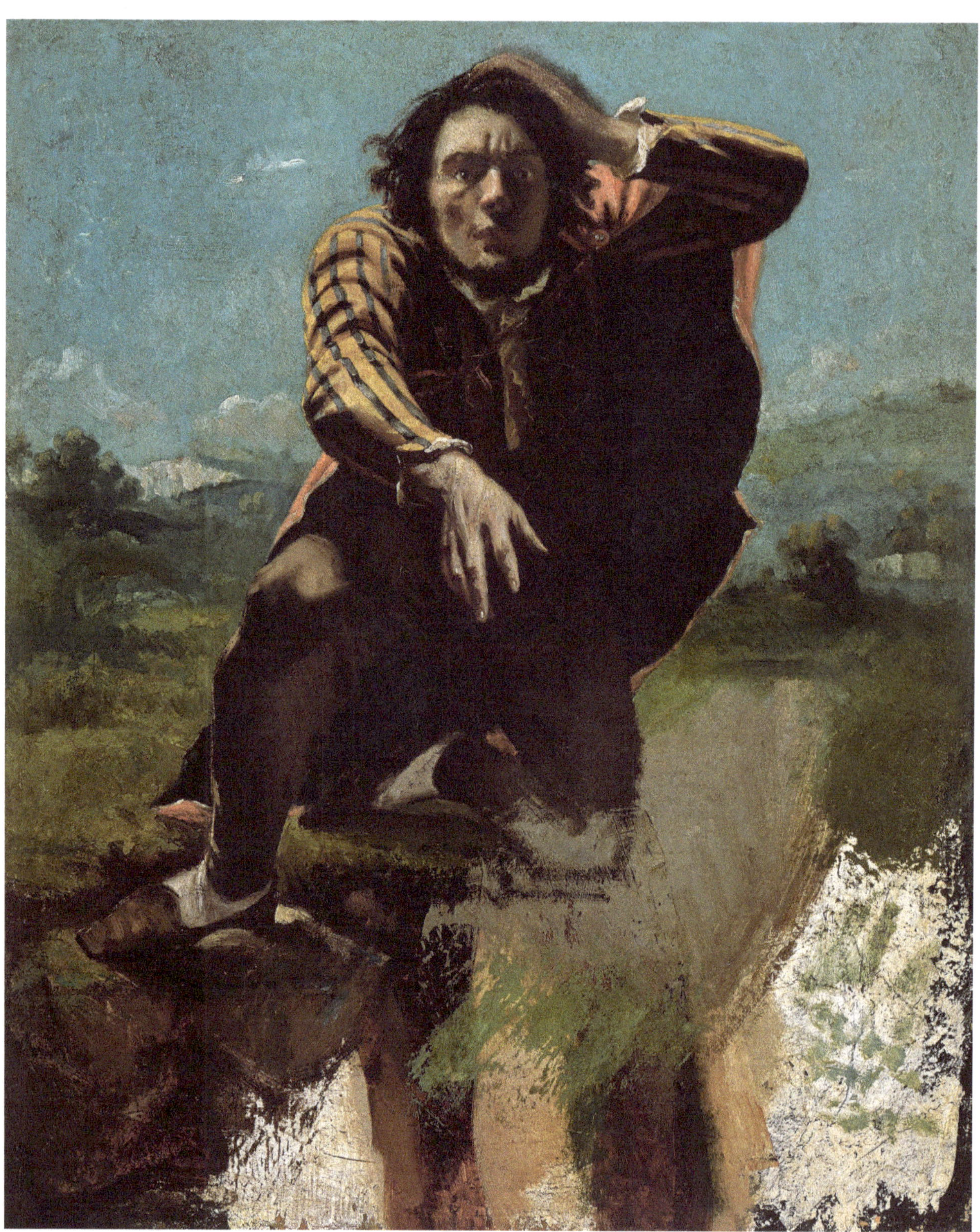

SOMMAIRE

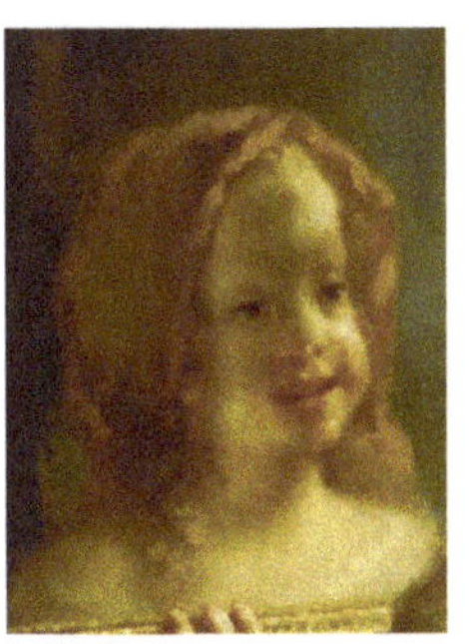

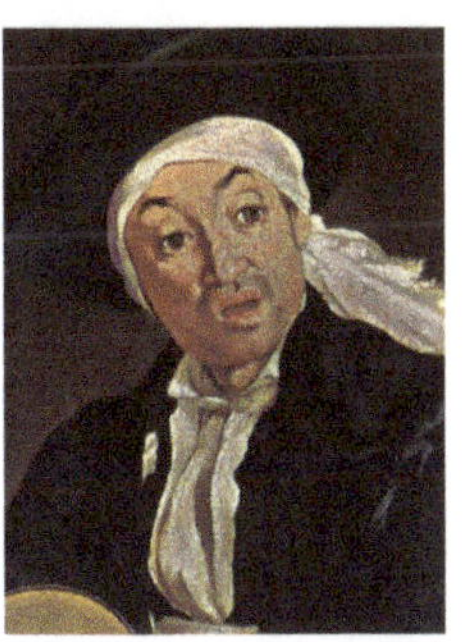

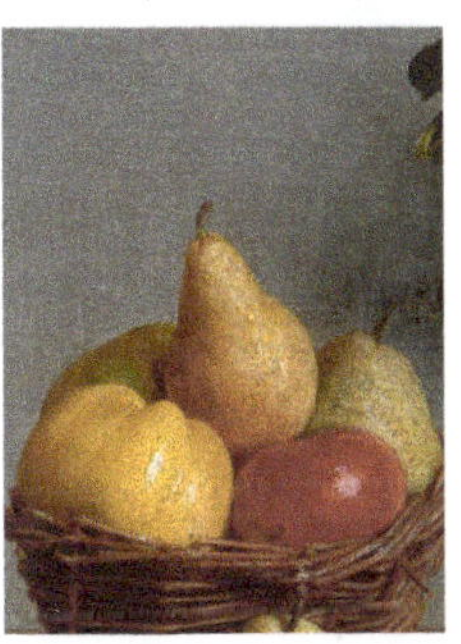

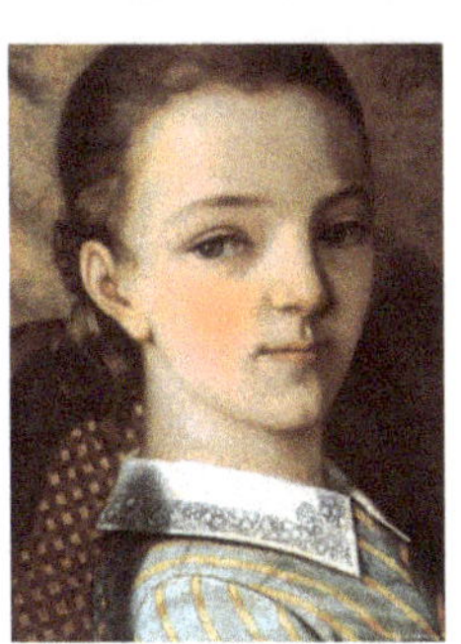

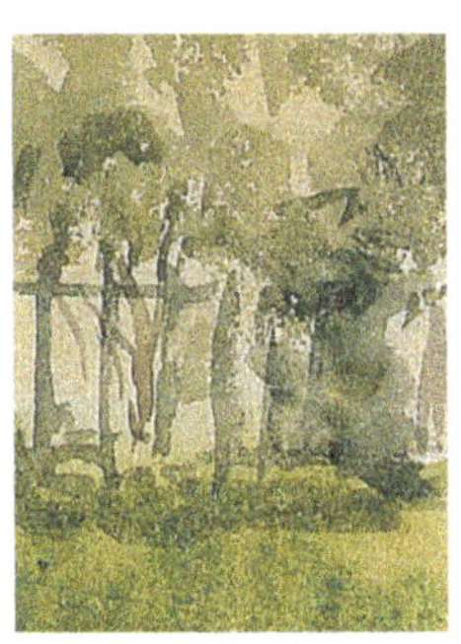

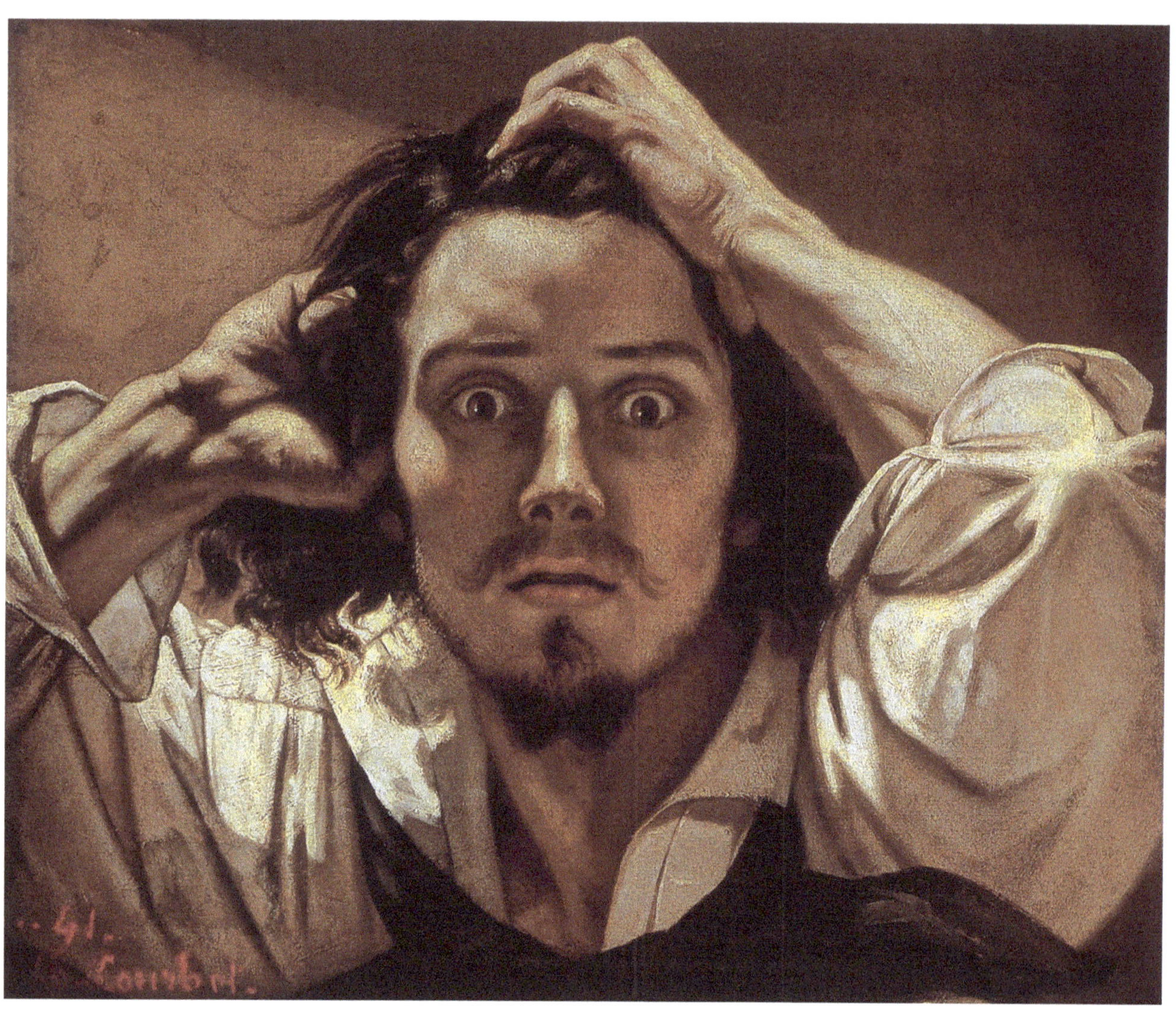

AVANT-PROPOS

Ce qui a fait la force des hommes de la Renaissance et des primitifs, c'est que, sous le voile antique, et il ne faut même pas dire le voile, mais simplement l'étiquette antique, ils ont exprimé les mœurs, les costumes et les décors de leur temps, rendu leur vie personnelle, enregistré une époque. Ils l'ont fait naïvement, sans critique, sans discussion, sans avoir besoin, comme nous, de démêler la voie juste parmi les fausses pistes.

Nous en sommes arrivés, laborieusement et grâce à des exemples éclatants en littérature à mettre la chose hors de contestation. La peinture est entrée dans ce mouvement que des artistes de grand talent se sont efforcés de lui imprimer depuis que Courbet a, comme Balzac, tracé le sillon d'une façon si vigoureuse.

▲ **Gustave Courbet**,
Portrait de l'artiste, dit *Le Fou de peur*, 1848 (?).
Huile sur papier marouflé sur toile , 60,5 x 50,5 cm.
Nasjonalmuseet for Kunst Arkitektur og Design, Oslo.

◀ **Gustave Courbet**,
Portrait de l'artiste, dit *Le Désespéré*, 1844-1845.
Huile sur toile, 45 x 54 cm.
Collection privée.

Leurs rivaux ont trouvé des chatoiements, des éclats, des oppositions étincelantes, en marchant derrière Fortuny, tout un virtuosisme d'arpèges, de trilles, de chiffons, de crêpons, qui ne procèdent d'aucune loi d'observation, d'aucune pensée, d'aucun vouloir d'examen. Ils ont chiffonné, maquillé, troussé la nature, l'ont couverte de papillotes. Ils la traitent en coiffeurs, et la préparent pour une opérette.

L'industrie, le commerce tiennent une part trop considérable dans leur affaire. Quand j'aurai compté encore les peintres qui se sont attachés à l'État-major, qui passent leur temps entre le tambour et la trompette, et auxquels on ne peut reprocher que d'être trop faciles, pas assez pénétrants, pas assez peintres ni assez dessinateurs, et, disons-le, pas assez convaincus, bien que quelques uns d'entre eux aient grande bonne volonté et beaucoup d'esprit, le dénombrement sera achevé.

Le débat n'est donc vraiment qu'entre l'art ancien et le nouvel art, entre le vieux tableau et le jeune tableau. C'est là seulement qu'elle peut, doit et désire faire des convertis. Ce n'est aussi qu'à l'École et à l'Institut qu'elle a trouvé justice.

Ingres et ses principaux élèves admiraient Courbet. Le mouvement, en effet, a ses racines. Il est au moins d'avant-hier, et non pas d'hier seulement.

C'est peu à peu qu'il s'est dégagé, qu'il a abandonné le vieux jeu, qu'il est venu au plein air, au vrai soleil , qu'il a retrouvé l'originalité et l'imprévu, c'est-à dire la saveur dans les sujets et dans la composition de ses toiles, qu'il a apporté un dessin pénétrant, épousant le caractère des êtres et des choses modernes, les suivant au besoin avec une sagacité infinie dans leurs allures, dans leur limité professionnelle, dans le geste et le sentiment intérieur de leur classe et de leur rang.

Les origines de ces efforts, les premières manifestations de ces tempéraments, on les retrouve à partir de l'atelier de Courbet, entre l'*Enterrement d'Ornans* et les *Demoiselles de village* ; elles sont chez le grand Ingres, et le grand Millet, ces esprits pieux et naïfs, ces hommes de puissant instinct ; chez Ingres, qui s'est assis sur le tabouret d'ivoire avec Homère et qui s'est mêlé à la foule qui regardait Phidias travailler au Parthénon, mais qui ne rapportait de la Grèce que le respect de la nature et revint vivre avec la famille Robillard comme avec le comte Molé et le duc d'Orléans, n'hésitant et ne trichant jamais devant les formes modernes, exécutant ces portraits rigoureux, violents, étranges, tant ils sont simples et vrais; chez Millet, cet Homère de la campagne moderne, qui regarda le soleil jusqu'à en devenir aveugle; qui a montré le paysan dans les labours comme un animal parmi les bœufs, les porcs et les moutons, qui a adoré la terre et l'a faite si ingénue, si noble, si rude et déjà couverte d'irradiations lumineuses.

Elles sont aussi chez le grand Corot, cet homme qui cherchait toujours, et que la nature semble

avoir aimé tant elle lui a fait de révélations. Puis elles se montrent parmi quelques élèves d'un professeur de dessin, dont le nom est attaché spécialement à une méthode dite d'éducation de la mémoire pittoresque, mais dont le principal mérite aura été de laisser se développer l'originalité, le caractère personnel de ceux qui étudiaient auprès de lui, au lieu de vouloir les ramener à une manière commune, à un joug de procédés inviolables.

Qu'apporte donc le mouvement, et par conséquent qu'apportent-ils ces artistes qui prennent la tradition corps à corps, qui l'admirent et veulent la détruire, qui la reconnaissent grande et forte et par cela même s'y attaquent ? Pourquoi donc s'intéresse-t-on à eux?

C'est que, vraiment, c'est une grande surprise, à une époque comme celle-là, où il paraissait qu'il n'y avait plus rien à trouver ; à une époque où l'on a tellement analysé les périodes antérieures, où l'on est comme étouffé sous la masse et le poids des créations des siècles passés, c'est vraiment une surprise que de voir jaillir soudainement des données nouvelles, une création spéciale. Un jeune rameau s'est développé sur le vieux tronc de l'art. S'est-il couvert de feuilles, de fleurs et de fruits ? A-t-il étendu son ombre sur de futures générations?

▶ **Gustave Courbet**,
Les Demoiselles de village, 1852.
Huile sur toile, 194,9 x 261 cm.
The Metropolitan Museum of Art, New York.

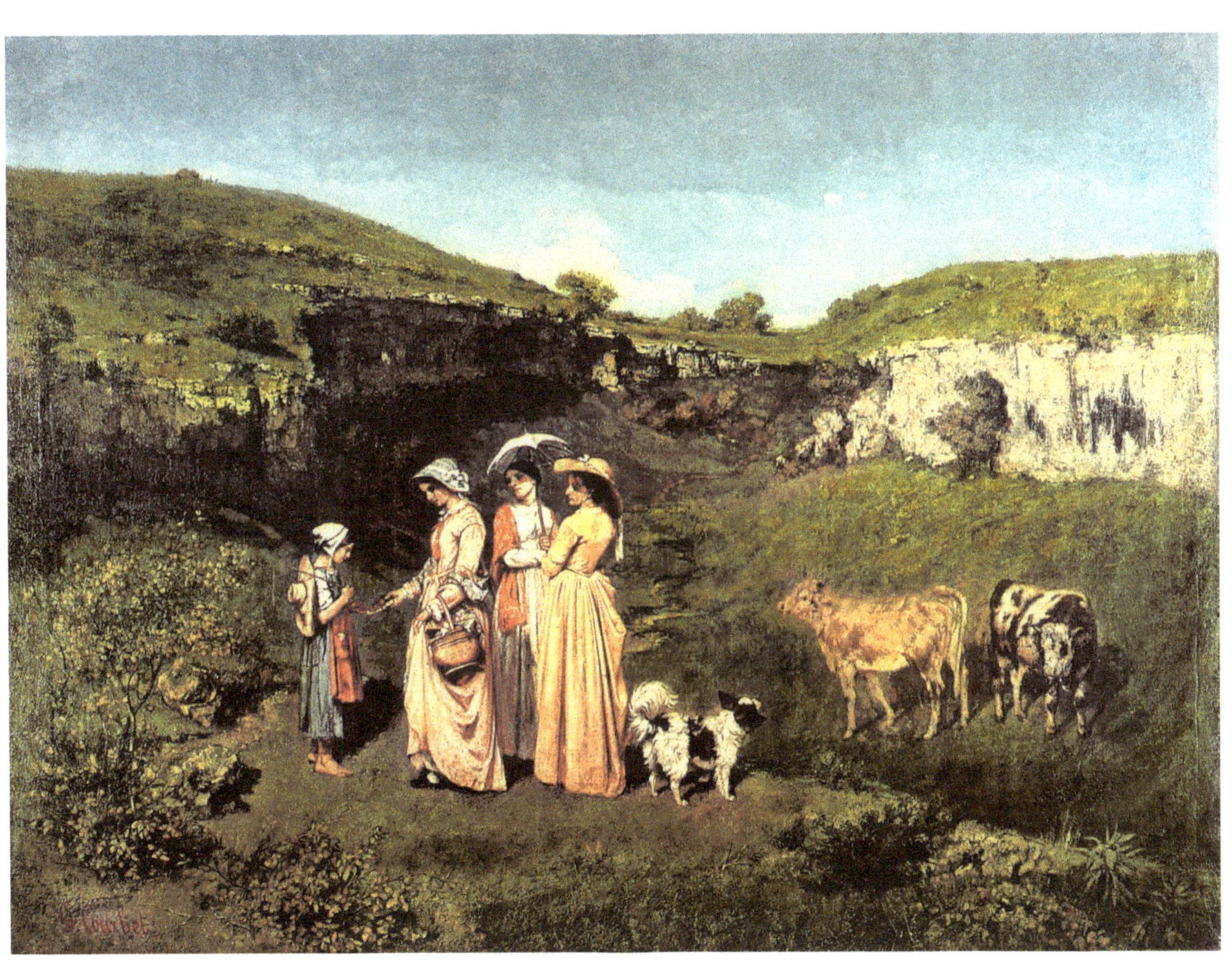

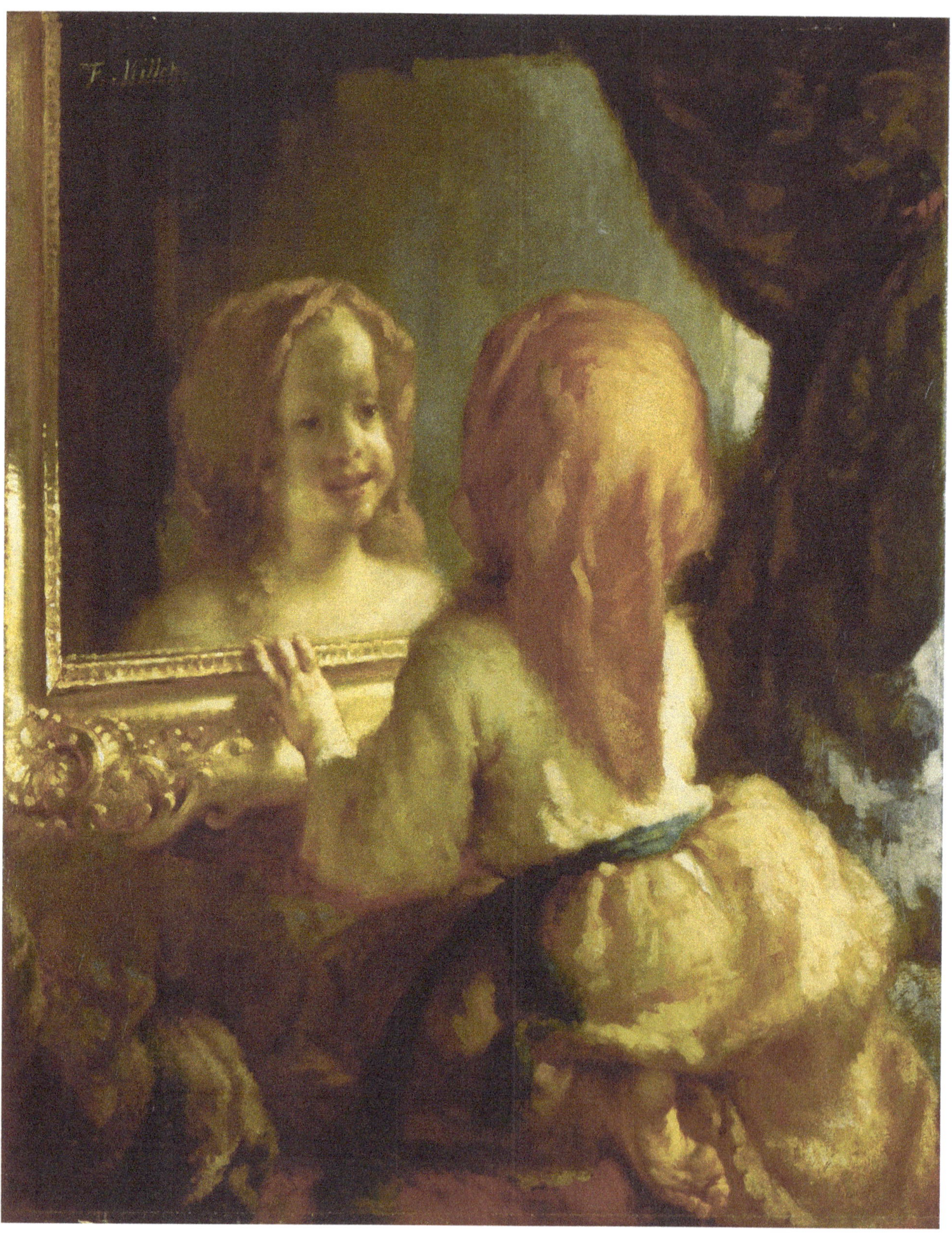

Qu'ont-ils donc apporté ?
Une coloration, un dessin et une série de vues originales. Dans le nombre, les uns se bornent à transformer la tradition et s'efforcent de traduire le monde moderne sans beaucoup s'écarter des anciennes et magnifiques formules qui ont servi à exprimer les mondes précédents, les autres écartent d'un coup les procédés d'autrefois.

Dans la coloration, ils ont fait une véritable découverte, dont l'origine ne peut se retrouver ailleurs, ni chez les Hollandais, ni dans les tons clairs de la fresque, ni dans les tonalités légères du dix-huitième siècle. Ils ne se sont pas seulement préoccupés de ce jeu fin et souple des colorations qui résulte de l'observation des valeurs les plus délicates dans les tons ou qui s'opposent ou qui se pénètrent l'un l'autre. Leur découverte consiste proprement à avoir reconnu que la grande lumière décolore les tons, que le soleil reflété par les objets tend, à force de clarté, à les ramener à cette unité lumineuse qui fond ses sept rayons prismatiques en un seul éclat incolore, qui est la lumière.

D'intuition en intuition, ils en sont arrivés peu à peu à décomposer la lueur solaire en ses rayons, en ses éléments, et à recomposer son unité par l'harmonie générale des irisations qu'ils répandent sur leurs toiles. Au point de vue de la délicatesse

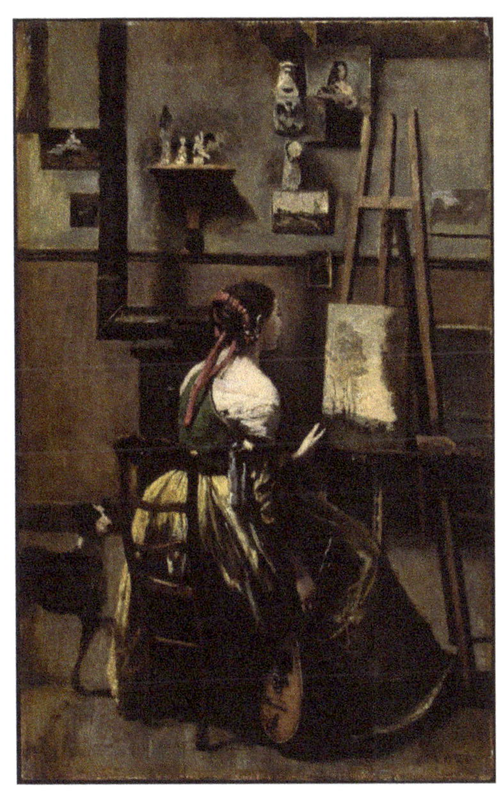

▲ **Jean Baptiste Camille Corot**,
L'Atelier de l'artiste, c. 1868.
Huile sur toile, 61.8 x 40 cm.

de l'œil, de la subtile pénétration du coloris, c'est un résultat tout à fait extraordinaire. Le plus savant physicien ne pourrait rien reprocher à leurs analyses de la lumière.

Les romantiques ignoraient absolument tous ces faits de la lumière, que les Vénitiens avaient cependant entrevus. Quant à l'École des Beaux-arts, elle n'a jamais eu à s'en préoccuper, puisqu'on n'y peint que d'après le vieux tableau et qu'on s'y est débarrassé de la nature.

◄ **Jean-François Millet**,
Antoinette Herbert Devant le Miroir, 1844.
Huile sur toile, 98 x 78 cm.
Collection particulière.

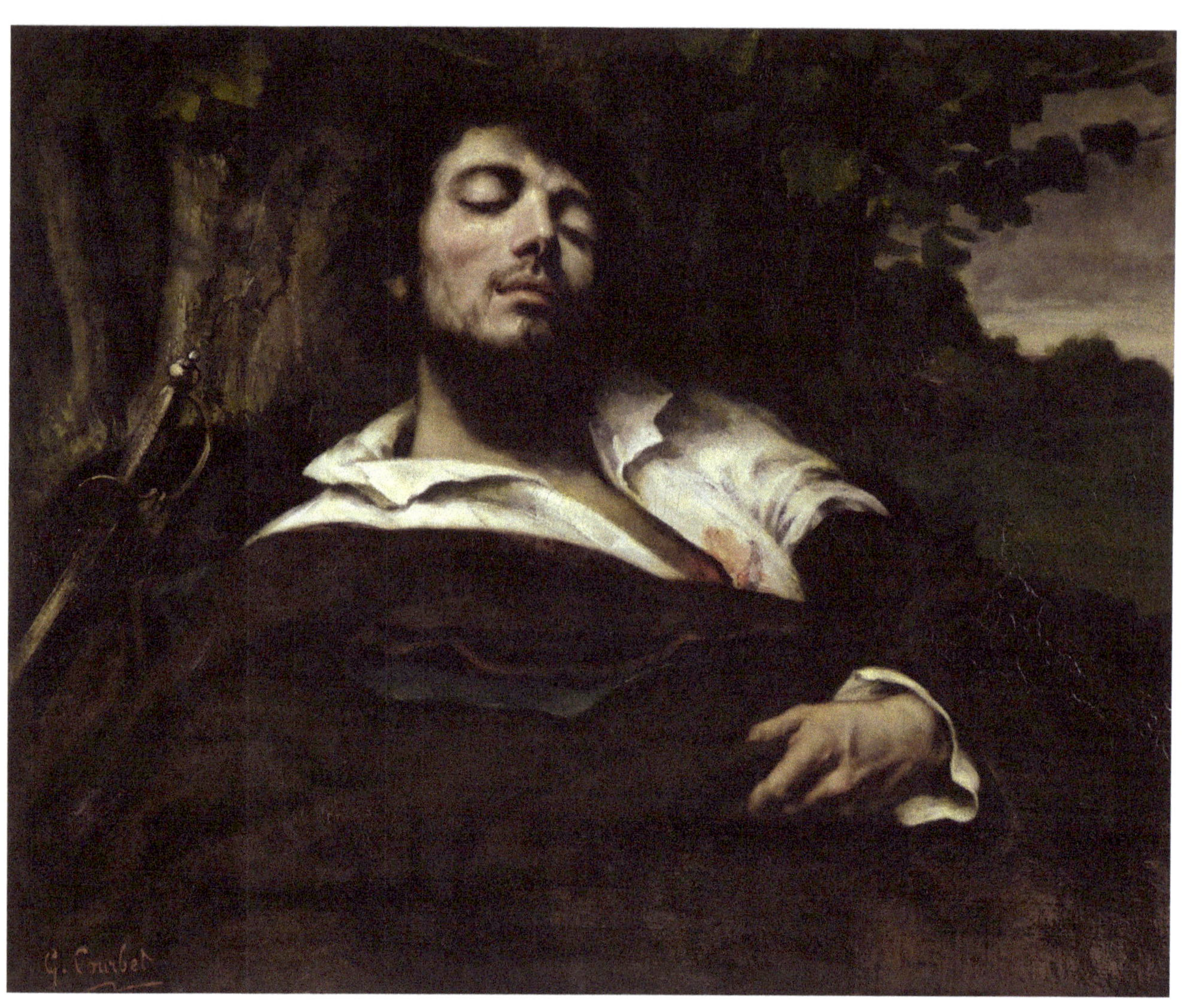

LE REALISME

Le réalisme anti-romantique que l'on trouve dans *Les Rougon-Macquart* de Zola est apparu sous le Second Empire, entre les deux Révolutions de 1848 et de 1870. Il trouve aussi son expression dans l'art. Le terme a été forgé par l'écrivain Champfleury que celui-ci appelait aussi « les peintres de la réalité. Dans *Le Réalisme* Champfleury écrit : «La reproduction exacte, complète, sincère du milieu où l'on vit, parce qu'une telle direction d'études est justifiée par la raison, les besoins de l'intelligence et l'intérêt du public, et qu'elle est exempte de mensonges, de toute tricherie.» Pour ce faire la méthode sera scientifique. Elle s'inspire du positivisme d'Auguste Comte: la réalité est basée sur les faits observés. »

Esthétiquement parlant, le réalisme s'oppose au romantisme et s'attache à mettre en scène la vie quotidienne, des gens et des objets ordinaires, souvent crus, parfois vils. Courbet lui-même disait : «La peinture est un art essentiellement concret et ne peut consister qu'en représentations d'objets réels et existants ». Lorsqu'on lui demanda d'inclure

des anges dans une peinture destinée à une église, il répondit : « Montrez-moi un ange et je le peindrai ».

Dans ses représentations dépouillées de la nature et de la vie de village, le chef de file du mouvement, Gustave Courbet, cherche à montrer le monde sous son jour le plus simple. Le mouvement ne recouvre qu'un groupe étroit d'artistes qui gravitent autour de Courbet, néanmoins il s'étend en Europe jusqu'à la Russie et débouche sur une mode de la scène pittoresque, jusqu'à la fin du 19e siècle. Contemporain des débuts de la photographie, Courbet a su s'en servir dans son œuvre. Sa déclaration : « montrez-moi un ange et je le peindrai « exprime le sentiment qui le mena à la création de son monumental *Enterrement à Ornans*, une œuvre soigneusement élaborée qui convainc les critiques de l'époque qu'il s'agit de bien plus que d'une réalité brute.

Les tableaux de Jean-François Millet, de l'école de Barbizon et de son chef de file Théodore Rousseau, sont plus traditionnels, mais également basés sur une observation méticuleuse de la nature. Parmi les autres réalistes, on compte Corot et Honoré Daumier, qui concentre ses efforts sur la vie urbaine contemporaine, décrivant l'absurdité de l'administration et des avocats, la bonté naturelle des travailleurs et la grisaille des pauvres.

COURBET ENTRE SUCCES ET SCANDAL

Au mois de mai 1882 s'ouvrait, à l'école des Beaux-arts à Paris, une exposition générale de l'œuvre de Courbet. Elle s'était organisée sous le patronage officiel et, à peine close, plusieurs d'entre les toiles qu'on y avait fait figurer allèrent prendre place dans les musées français.

Il est difficile de ne pas envisager comme un revirement ce double et solennel hommage rendu à la mémoire de l'artiste en qui le réalisme trouvait naguère sa personnification la plus discutée. N'en peut-on conclure que la théorie nouvelle avait sorti ses effets, que dès ce moment, elle appartenait à l'histoire? On est sans peine généreux envers les morts. « Les haines s'en vont, les rivalités s'effacent et la justice qui se taisait pour former l'inéluctable jugement.»

Ɔaccord était pourtant loin dɔêtre établi sur la signification du mouvement réaliste. De ce que la controverse a pu perdre de son ardeur en perdant de son actualité, ne résulte pas que de profondes divergences ne subsistent sur la légitimité dɔune forme d'interprétation de la nature envisagée par les uns comme pouvant seule permettre à lɔartiste dɔaccomplir sa tâche en pleine conscience, par dɔautres, au contraire, comme une négation absolue des principes qui doivent présider à lɔenfantement de son travail.

Ɔest une opinion courante que la splendeur des beaux-arts sera lɔinévitable conséquence de la prospérité matérielle des nations, quɔen un mot, la perfection résulte à un degré moindre de la valeur de lɔartiste qui crée, que de lɔimportance des sommes affectées à sa rémunération. Il nɔest pas de théorie plus fausse, mieux faite pour égarer, non seulement la foule, mais lɔartiste lui-même, sur la véritable signification dɔune œuvre dɔart.

De là ces divergences profondes dɔappréciation que lɔon a vues de tout temps se produire en matière dɔart. Lɔœuvre en sera-t-elle rabaissée? Nullement. Si Platon exclut les artistes de sa République, ce nɔest nullement quɔil les frappe dɔindignité; il constate simplement que leur travail ne pourvoit à aucune des nécessités matérielles de son gouvernement idéal.

En dehors des satisfactions morales ou intellectuelles il nɔest réellement possible à personne dɔassigner à lɔart une direction immuable, et lɔartiste, comme lɔécrivain ou le poète, dispose en toute liberté du droit de nous transporter à sa suite dans le monde réel ou dans le monde idéal ; comme nous tous, il subit lɔinfluence dɔun courant dɔidées qui appartiennent à son temps et serviront, sans doute, à le caractériser dans l'histoire : le christianisme succédant au paganisme, la renaissance au moyen âge, etc., mais lɔartiste peut aspirer même à influer sur ce courant.

Beaucoup dɔœuvres contemporaines portent la marque évidente des influences que nous venons

La Source, 1868.
Huile sur toile, 128 x 97 cm.
Musée d'Orsay, Paris.

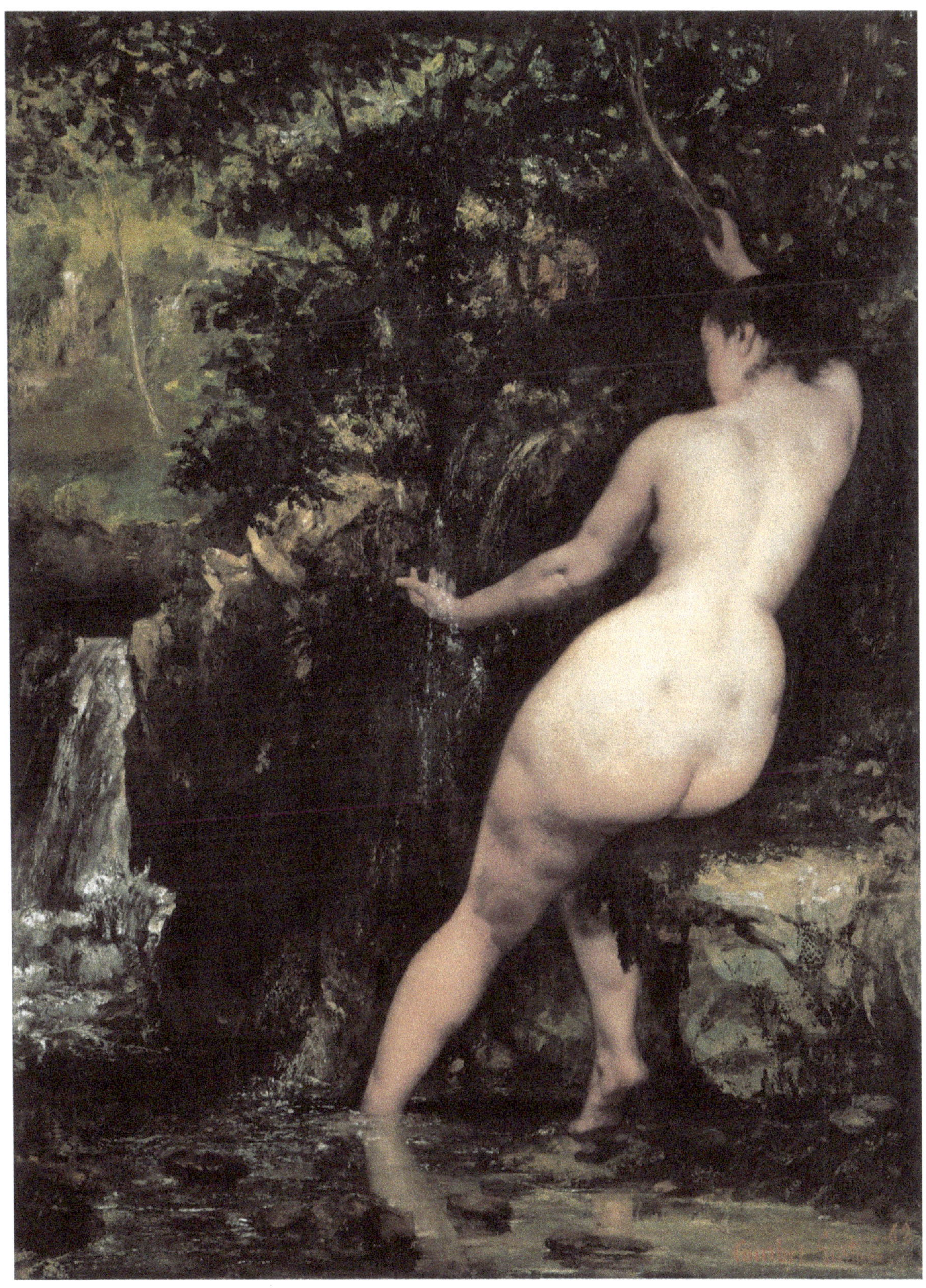

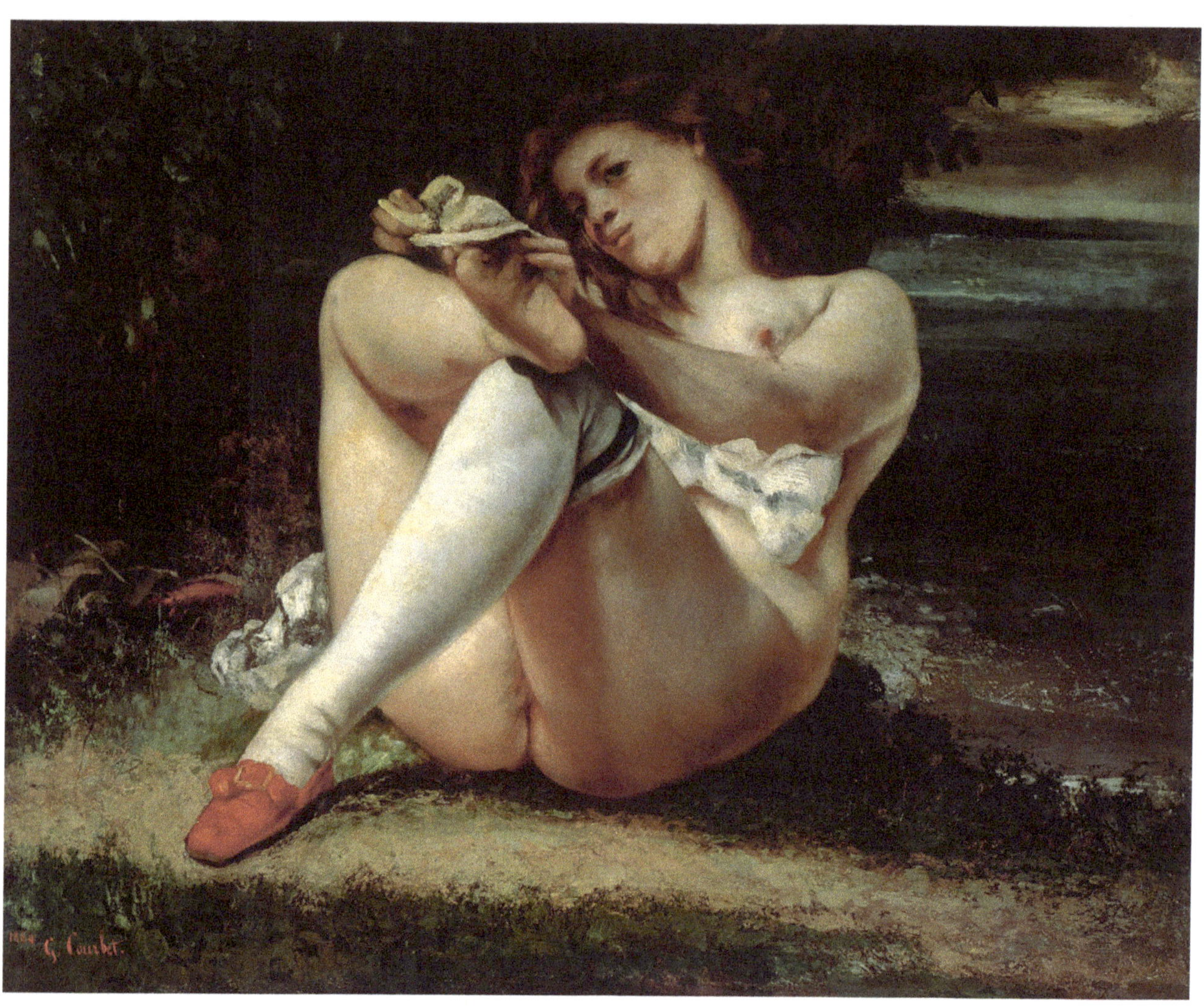

d'énumérer ; mais pour qui ne s'arrête pas à la surface des choses, il est impossible de ne pas constater que l'artiste, alors même qu'il cède à des tendances contraires à ses progrès, s'efforce de donner plus d'énergie à l'expression de son individualité. On dirait, dominé par cette préoccupation de chercher une formule appropriée à son temps, il se croit à même de la trouver dans la poursuite d'un ensemble de procédés et d'effets aussi dissemblables que possible de la pratique de ses devanciers. Le passé lui est devenu sans valeur ; à quelque prix que ce soit, il s'efforce de faire montre d'originalité, et ce souci l'emporte sur toute autre considération.

Quiconque étudie l'histoire des maîtres d'autrefois, est d'abord frappé de cette circonstance que leur faculté de créer trouvait presque toujours son emploi dans une direction précise. Libre, sans doute, de ses inspirations, l'artiste n'en était pas moins appelé d'ordinaire à répondre à des commandes qui sont devenues la source des œuvres les plus grandioses.

Michel-Ange pouvait dédaigner l'emploi de la peinture à l'huile et choisir le procédé qui s'adaptait le mieux aux nécessités des grandes pages qu'il avait non seulement le désir, mais l'obligation de créer ; Titien, Véronèse, Rubens, Dürer lui-même, ont conçu peu d'œuvres dont ils ne prévoyaient au moins la destination.

◀ **Gustave Courbet,**
La Femme aux bas blancs, vers 1861.
Huile sur toile, 65 x 81 cm.
The Barnes Foundation, Merion.

La Révolution française mit fin à ce qui restait debout de l'organisation ancienne. Depuis longtemps l'enseignement des beaux-arts avait pris, sous l'influence de l'Académie, une direction uniforme ; les artistes, bien qu'ils fussent affranchis de toutes les autres entraves, restaient soumis à sa juridiction. L'Académie tenait à ses privilèges ; nul ne participait aux expositions sans avoir obtenu d'elle sa licence. Devenue, selon David, « le refuge de toutes les tyrannies », elle se vit condamnée à disparaître. A sa place, on érigea la « commune de l'art », et le régime des expositions absolument libres fut inauguré.

Qu'en dernière analyse la peinture demeure le moyen d'imiter d'une manière aussi exacte que possible tout ce qui frappe le regard humain, personne, sans doute, ne songe à le nier ; quel désaccord, pourtant, sur la forme à donner à cette imitation, sur le pas où elle peut s'arrêter, el la nécessité de sa poursuite elle-même, preuve évidente que la tâche du peintre ne se borne pas aux trompe-l'œil, si grande que soit, d'ailleurs, l'habileté de ceux qui les produisent.

La lutte des classiques et des romantiques appartient à l'histoire ; la controverse s'est portée sur d'autres champs plus ardents encore. On n'avait discuté jusqu'alors que l'interprétation des données ; ce fut la pensée elle-même, qui, maintenant, allait être mise en question.

Le romantisme avait triomphé ; il avait pour lui d'incontestables séductions. Au théâtre, comme dans les arts plastiques, ses représentants avaient mérité de légitimes succès et vengé les dédains de la génération précédente pour les nobles créations du moyen âge et de la renaissance. Ingres, lui-même, n'avait pas dédaigné de puiser aux sources de la poésie italienne.

Sans nous occuper ici du mérite relatif ou intrinsèque des diverses tendances, il importe de faire remarquer que, dans presque toutes les directions, la théorie préoccupait alors les artistes à un degré bien moindre que le droit pour chacun de revêtir sa pensée de la forme la mieux faite pour lui donner sa pleine expression ; s'il ne manquait pas d'artistes fidèles aux traditions classiques, on ne voit pas qu'il ait été en leur pouvoir d'empêcher des confrères plus jeunes de rencontrer le succès en s'appliquant à l'étude des mœurs et de la physionomie populaires, à la représentation du pittoresque dans le costume, à la reproduction des monuments, ou simplement à la traduction des aspects de la nature.

En réalité, l'Exposition universelle de 1855 clôt d'une manière très précise une des périodes les plus importantes de l'histoire de la peinture.

Le mouvement que nous voulons étudier dans ces pages est assez proche de nous, ses influences nous environnent encore et il ne faut rien de moins que ses frappants effets pour permettre de bien saisir la portée.

Mais il s'agit moins, à la vérité, d'une direction précise, de l'expression motivée et pour ainsi dire prévue d'un état de l'opinion se faisant jour à la faveur d'une circonstance favorable et s'imposant par sa logique même, que d'un oubli complaisant du passé, d'une négation systématique de l'ensemble des théories formant la base même des arts plastiques, en faveur d'une esthétique nouvelle ne tendant à rien de moins qu'à libérer l'artiste de toute recherche d'intérêt en dehors de ce qui l'environne, comme de tout effort vers la perfection, par l'élévation de la pensée ou simplement le choix raisonné du type ou de la forme.

Nous devons remonter de quelques années dans l'histoire de l'art pour rencontrer les premières manifestations du système. Le peintre Gustave Courbet, né à Ornans, en 1819, n'était pas un inconnu. Au Salon de 1849 il avait figuré avec un grand tableau auquel le Jury accorda une médaille d'or et que le Gouvernement français envoya bientôt au Musée de Lille. Ce tableau, qui portait pour titre *L'après-dinée à Ornans* se signalait par une vigueur peu commune d'exécution. Il s'agissait d'un intérieur de cabaret où les personnages rassemblés autour d'une table, fument, boivent et s'assoupissent près d'un joueur de violon, l'œuvre révélait un robuste tempérament de peintre et s'écartait, non moins par son exécution que par sa conception, des divers courants de l'époque.

Le fait de choisir pour l'exposition d'un sujet d'une telle insignifiance la grandeur naturelle des figures, disait assez que le peintre visait à rompre en visière aux théories académiques; mais il avait fallu une

▶ **Gustave Courbet**,
Après-Dîner à Ornans, 1848-1849.
Huile sur toile, 195 x 257 cm.
Palais des Beaux-Arts, Lille.

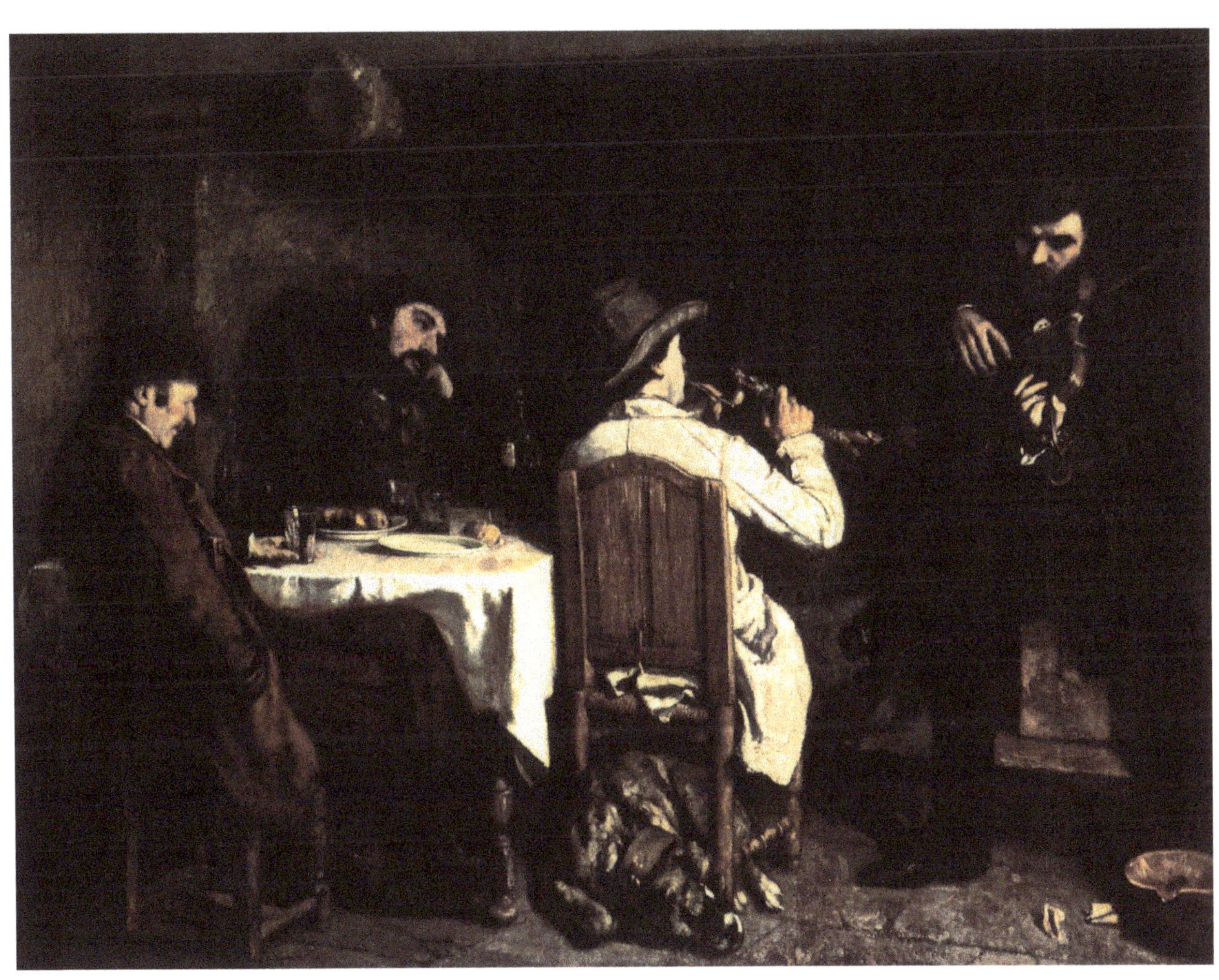

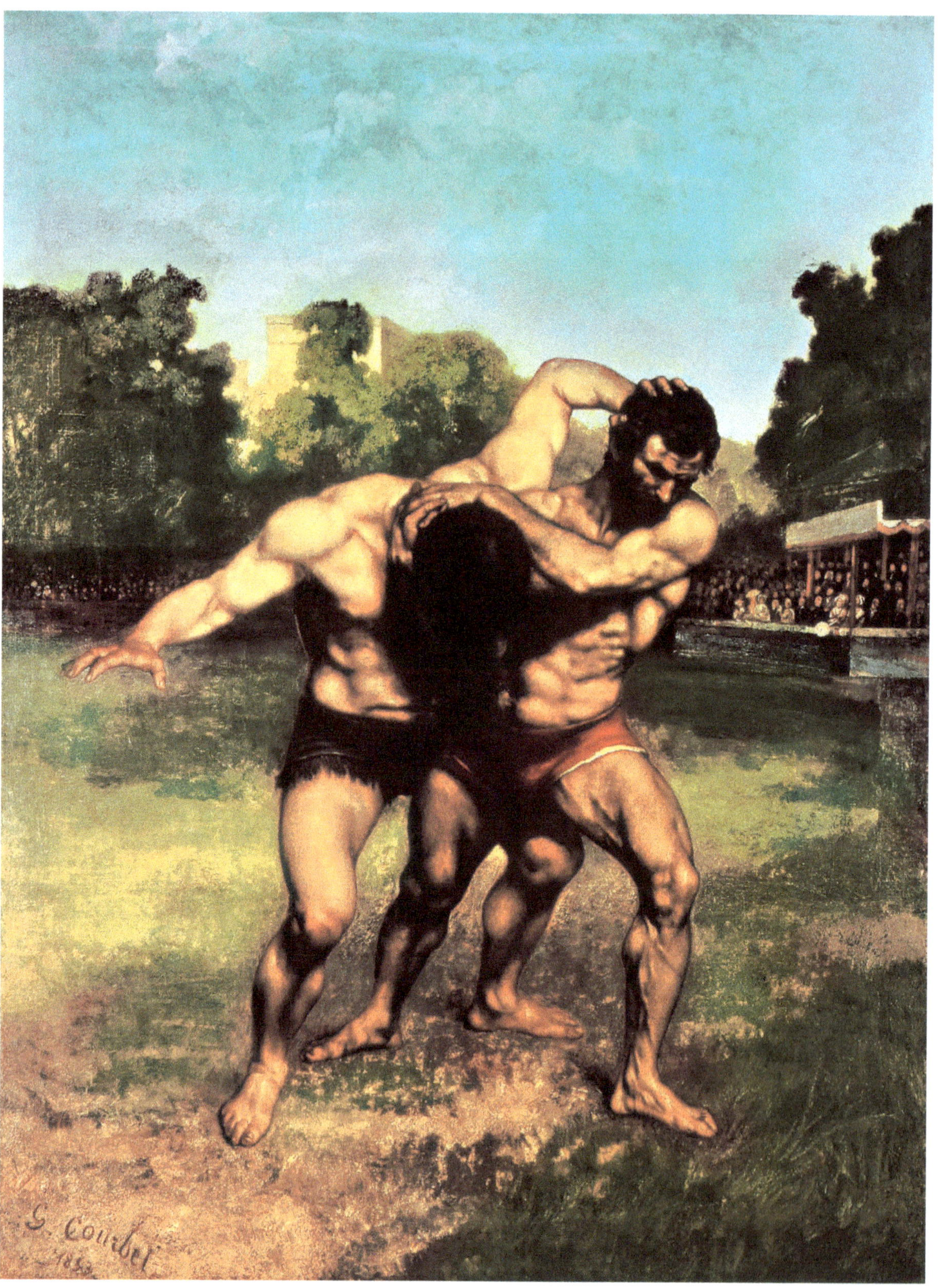

incontestable virtuosité de pinceau pour triompher des difficultés de l'entreprise; on envisagea surtout l'œuvre à ce point de vue, et l'artiste fit une moisson d'éloges pleinement méritée.

D'autres créations suivirent : *le Violoncelliste, le Retour de la foire de Flagey, les Casseurs de pierres*, et surtout *L'Enterrement à Ornans*, dessinèrent plus nettement l'intention du peintre de persévérer dans sa voie novatrice. L'Enterrement mesurait jusqu'à 7 mètres de long, presque la longueur de *La Cène* de Léonard de Vinci, et *Les Casseurs de pierres*, deux simples personnages cassant des cailloux au bord d'une route, occupaient une toile large de 3 mètres.

Ces œuvres appelaient trop naturellement la discussion, pour qu»il faille s»étonner des orages qu»elles provoquèrent. Leur auteur, dont on ne calomnie pas la mémoire en disant que rien ne répondait mieux à ses aspirations, « fit bientôt plus de bruit par la ville que vingt célébrités et leurs coteries ».

Pour rester dans la vérité des choses, il faut dire que les fervents du novateur ne formaient pas légion, et si l'on a beaucoup exalté la peinture de Courbet dans le cours des dernières années, il est certain que *les Casseurs de pierres* et *L'Enterrement à Ornans*, pas plus que *Les Paysans de Flagey*, ne provoquèrent un bien vif enthousiasme au temps de leur apparition.

Les Lutteurs, 1853.
Huile sur toile, 252 x 198 cm.
Szépmu,,vészeti Múzeum, Budapest.

La grande faveur devait leur venir un peu plus tard, grâce surtout à l'appui de Proudhon. Ce publiciste, polémiste, journaliste, économiste, philosophe et sociologue célèbre, qui fut l'ami de Courbet et l'inspirateur probable de plus d'une de ses toiles, n'hésitait pas lui-même à proclamer que quoi qu'en pussent dire les hérauts et les vulgarisateurs de l'idée nouvelle, de longtemps le public ne pourrait comprendre et supporter une leçon pareille à *L'Enterrement*, ni l'artiste, compter pour de telles œuvres sur le suffrage des masses.

L'Enterrement, cette scène dépourvue de tout sentimentalisme, représente un enterrement dans son village natal, incarnant de façon exemplaire les efforts de l'artiste pour des représentations réalistes. Ce réalisme est rendu de manière particulièrement efficace par la taille grandeur nature des personnages. Courbet demanda à chaque habitant d'Ornans de poser dans son atelier pour cette peinture. La variété des expressions reflète le deuil, et pourtant chaque personnage est doté d'une certaine individualité. Plusieurs femmes détournent les yeux, trop tristes pour regarder l'ultime hommage rendu à l'un des leurs, visiblement apprécié. La croix processionnelle semble faire reposer le Christ crucifié sur le sommet des collines lointaines, comme pour rappeler aux villageois endeuillés cette ancienne tragédie. Le morne paysage reflète la tristesse des habitants. La principale cause du scandale soulevé par cette peinture, fut le fait de hisser cette scène d'enterrement ordinaire au rang de peinture historique par sa taille imposante. Courbet veut démontrer que pour lui, les petites gens sont aussi importantes et dignes que les héros de l'histoire. Après le rejet de cette œuvre par le jury du Salon, Courbet créa un lieu appelé « Pavillon du Réalisme » où il proposait une exposition regroupant quarante œuvres. Le catalogue incluait le manifeste du réalisme :

«Le titre de réaliste m'a été imposé comme on a imposé aux hommes de 1830 le titre de romantiques. Les titres en aucun temps n'ont donné une idée juste de choses : s'il en était autrement les œuvres seraient superflues.

Sans m'expliquer sur la justesse plus ou moins grande d'une qualification que nul, il faut l'espérer, n'est tenu de bien comprendre, je me bornerai à quelques mots de développement pour couper court aux malentendus.

J'ai étudié, en dehors de tout esprit de système et sans parti pris, l'art des anciens et des modernes. Je n'ai pas plus voulu imiter les uns que copier les autres : ma pensée n'a pas été davantage d'arriver au but oiseux de «l'art pour l'art». Non! J'ai voulu tout simplement puiser dans l'entière connaissance de la tradition le sentiment raisonné et indépendant de ma propre individualité.

Savoir pour pouvoir, telle fut ma pensée. Etre à même de traduire les mœurs, les idées, l'aspect de mon époque, selon mon appréciation, être non seulement un peintre, mais comme un homme, en un mot faire de l'art vivant, tel est mon but».

Si le peintre ne recule pas devant la tâche de représenter cinquante personnages de grandeur nature, pour les réunir autour d'une tombe, on peut être assuré que sans se mettre en frais excessifs d'imagination, il pourra faire jaillir de là une émotion suffisante pour atténuer des détails parfois choquants, et qui se mêlent inévitablement à toute scène prise sur le vif.

» J'ai étudié, en dehors de tout système, et sans parti pris, l'art des anciens et l'art des modernes. Je n'ai pas plus voulu imiter les uns que copier les autres ; ma pensée n'a pas été davantage d'arriver au but oiseux de l'art pour l'art. Non ! J'ai voulu tout simplement puiser dans l'entière connaissance de la tradition le sentiment raisonné et indépendant de ma propre individualité, disait Courbet ».

» Savoir pour pouvoir, telle fui ma pensée. Être à même de traduire les mœurs, les idées, l'aspect de mon époque, selon mon appréciation, être non seulement un peintre, mais encore un homme, en un mot, faire de l'art vivant, tel est mon but. »

L'enterrement appartient aujourd'hui au gouvernement français, avec d'autres toiles de son auteur. Le temps, et peut-être même la majesté du lieu où elle figure, atténueront petit à petit, aux yeux de la foule, ce que la peinture avait de répulsif à sa première apparition. On y cherchait des qualités propres à justifier l'honneur d'avoir pénétré dans les musées de l'État, et déjà Jules Clarelie voyait en imagination Courbet et Vélasquez converser nuitamment dans les galeries du Louvre.

▶ **Gustave Courbet**, *Les Paysans de Flagey revenant de la foire ou Le Retour de la foire*, 1850. Huile sur toile, 208 x 275 cm. Musée des Beaux-Arts et d'Archéologie, Besançon.

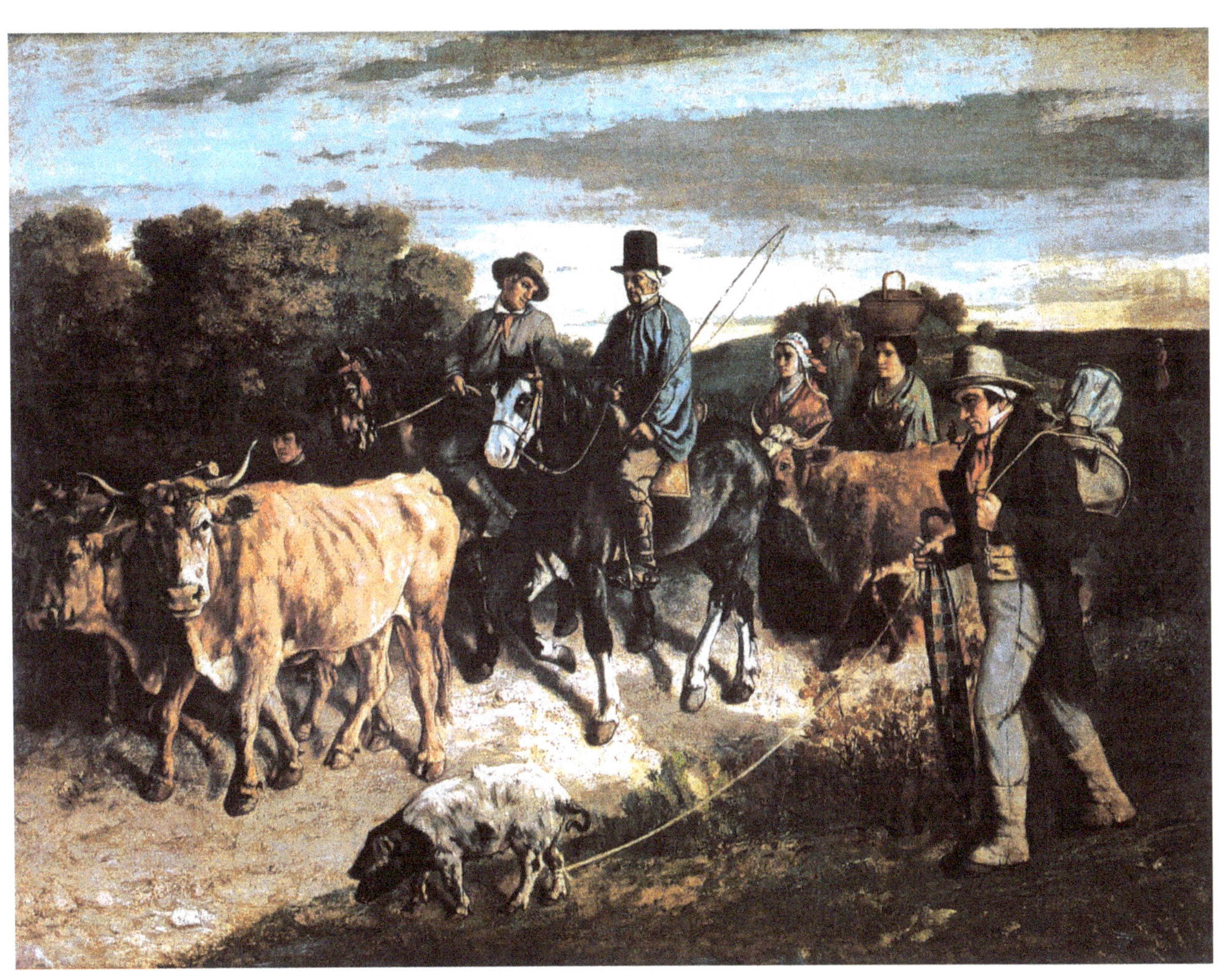

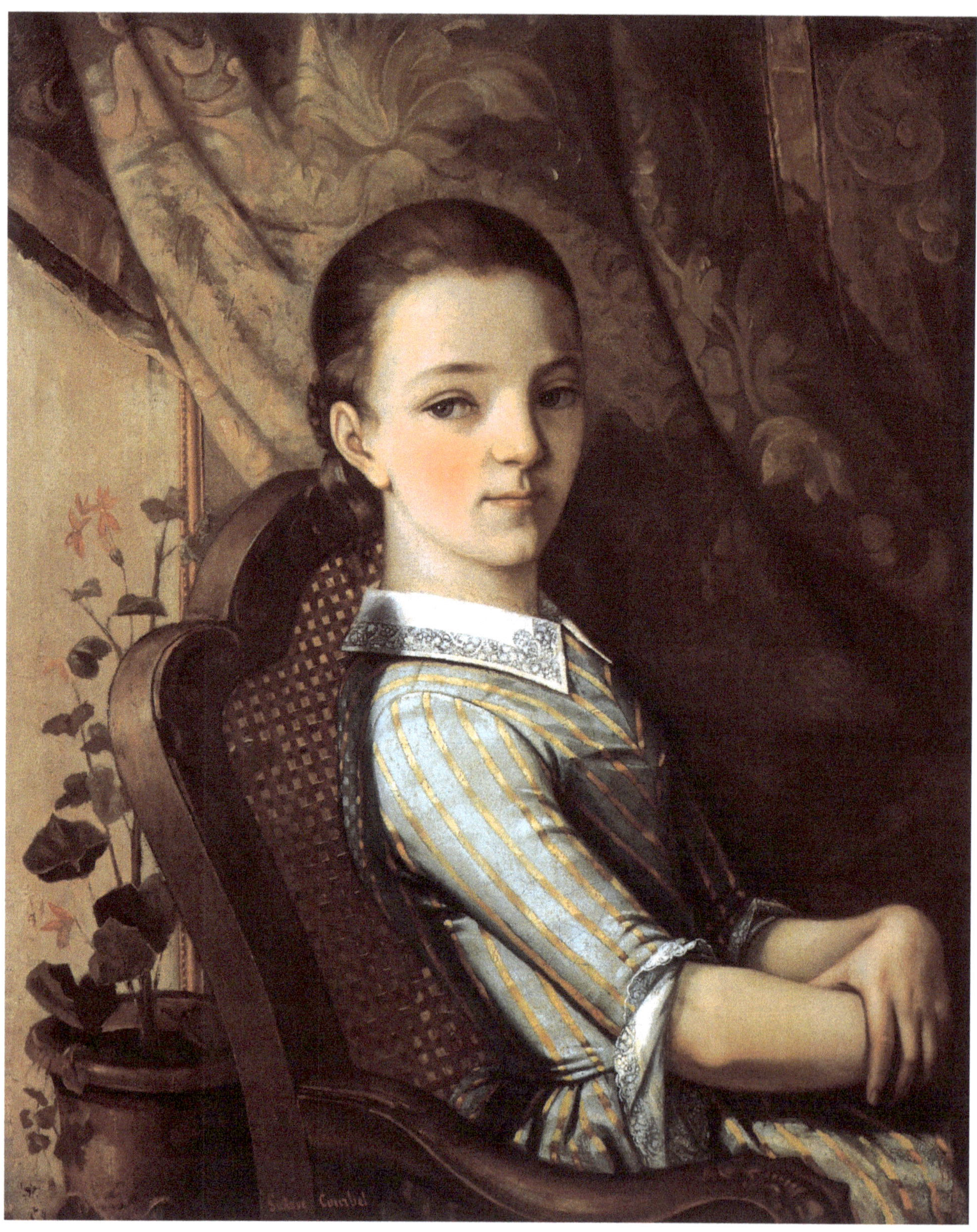

« Je n'aime pas les écoles, je n'aime pas les drapeaux, je n'aime pas les systèmes, je n'aime pas les dogmes, s'écriait Champfleury. Il m'est impossible de me parquer dans la petite église du réalisme, dussé-j'en être le dieu... J'ai peut-être prononcé quelquefois le mot de réalisme, et j'en ai menacé mes adversaires comme d'une machine de guerre formidable, mais je l'ai fait dans un moment d'emportement, abasourdi par les cris de la critique qui s'obstinait à voir en moi un être systématique, une sorte de mathématicien calculant des effets de réalité, et s'y mêlant à restreindre ses facultés. »

Puis, en allant, il trouve des accents d'une véritable éloquence à opposer aux théories les plus vantées des fanatiques de la nouvelle école. « Comment se fait-il qu'Aristophane, Cervantes, Shakespeare, l'Arioste, Goethe, Byron aient pu être admirés en France et nous aient paru de grands génies forts et vivaces, quoique garrottés par les traducteurs et dépouillés de leurs riches vêtements nationaux?

» Un tel exemple ne prouve-t-il pas l'infériorité de la forme et la puissance de l'idée? De l'idée il restera toujours quelque chose. » Et de la même plume tombe cette phrase : « Va, esprit rapetissé, étroit, tu es incapable de sentir et de comprendre les belles imaginations sorties de l'idéalisation! Il te faut une plate réalité mesquine, qui se voie, qui se touche, et tu nies les efforts de ces plongeurs qui se jettent

résolument au fond de la mer pour y chercher des perles précieuses afin d'en parer leurs créations. »

L'apostrophe pouvait ne pas viser directement Courbet, mais il faut reconnaître qu'elle trahissait peu d'enthousiasme pour sa méthode, car le jour, hélas, n'était pas éloigné où le peintre lui-même allait proclamer, urbi et orbi, que la base du réalisme est la négation de l'idéal, « ce qu'aucun artiste on se l'explique sans peine, n'avait osé affirmer avant lui ».

Nous avons cité l'avis de Proudhon. Le livre *Du principe de* l'art et de sa destination sociale est conçu presque entièrement pour exalter la tendance du peintre franc-comtois. D'une forme entraînante, cette étude, pour qui la considère au point de vue de l'art, est un mélange de sophismes et de contradictions. Pour être un jouteur d'une rare souplesse, Proudhon érige sur un fond d'idées nullement vulgaires, les aperçus d'un esprit impénétrable au charme de la peinture, toute acception de système étant mise à part.

Et, cependant, Proudhon non plus ne se montre à l'aise devant le réalisme envisagé comme théorie esthétique. Il peut juger sévèrement les anciens et les modernes, trouver David, Delacroix, Ingres, Rude ou Vernet également absurdes, cela ne l'empêche pas de poser cette question : « Le but de l'artiste est-il de reproduire simplement les objets sans s'occuper d'autre chose, de ne songer qu'à la réalité visible et de laisser l'idéal à la volonté du spectateur? En d'autres termes, la tendance de l'art est-elle au développement de l'idéal, ou bien à l'imitation purement matérielle dont la photographie serait le dernier effort? » Et voici la réponse: « Il suffit de poser la question ainsi pour que tout le monde la résolve: l'art n'est rien que par l'idéal, ne vaut que par l'idéal; s'il se borne à une simple imitation, copie ou contrefaçon de la nature, il fera mieux de s'abstenir; il ne ferait qu'étaler sa propre insignifiance en déshonorant les objets mêmes qu'il aurait imités. Le plus grand artiste sera donc le plus grand idéalisateur; soutenir le contraire serait renverser toutes les notions, mentir à notre nature, nier la beauté et ramener la civilisation à la sauvagerie. »

Cependant, contradiction étrange, ce fut en Proudhon et Champfleury que Courbet trouva ses plus énergiques champions. Du reste, ils avaient les plus généreuses illusions sur ce qu'ils croyaient être les débuts d'une réforme féconde. A leurs yeux, et peut-être ne se trompaient-ils pas, la direction nouvelle n'était qu'une conséquence de la révolution de 1848, quelque chose comme une libération : l'art démocratique et égalitaire triomphant de l'art aristocratique ou bourgeois. «Logiquement, le hasard est souvent logique », dit Champfleury, mieux valait peindre d'abord les basses classes où la sincérité des sentiments, des actions, des paroles est plus en évidence que dans la haute société.

Proudhon voulait que la nouvelle tendance prenne le nom de peinture critique, et il frappait le romantisme d'estoc et de taille, comme un agent de corruption. « Les tableaux du peintre d'Ornans sont des miroirs de vérité, dont le mérite, jusqu'à présent hors ligne, abstraction faite des qualités et des défauts de l'exécution, est dans la profondeur de l'idée, la fidélité des types, la pureté de la glace et la puissance du réfléchissement.» Cette peinture-

là vise plus haut que l'art lui-même; sa devise est l'inscription du temple de Delphes : Homme, connaissez-vous vous-même, concluant sous forme de sous-entendu, avec Jean le Baptiseur, et amendez-vous si vous tenez à la vie et à l'honneur. »

Le réalisme, selon quelques critiques, n'aurait fait que poursuivre, à vingt-cinq années d'intervalle, un mouvement commencé par le romantisme. Il fallait réagir contre l'esprit de système, le faux goût et tout l'ensemble de solennelles doctrines tenues en honneur par l'école académique. *Les Casseurs de pierres* et le *Dante et Virgile* ne seraient, dès lors, que des formes différentes d'une même réaction.

Nous avons déjà montré que c'était particulièrement au romantisme qu'en voulaient Proudhon et ceux dont il personnifiait les tendances. En effet, le mouvement réaliste, par son dogmatisme même, n'était pas sans avoir des points de contact avec l'esprit qui animait les partisans de David. La très grande différence résultait beaucoup moins des principes que des hommes qui se prétendaient appelés à les personnifier.

Il y avait sans doute aussi, dans les premiers succès remportés par les œuvres de Courbet, une part importante à faire à certaines préoccupations politiques. L'artisan, représenté de grandeur naturelle, dans ses habits de travail, aspirait à

▶ **Gustave Courbet**,
Marc Trapadoux examinant un livre d'estampes, vers 1849.
Huile sur bois, 41 x 32 cm.
Musée d'Art Moderne, Troyes.

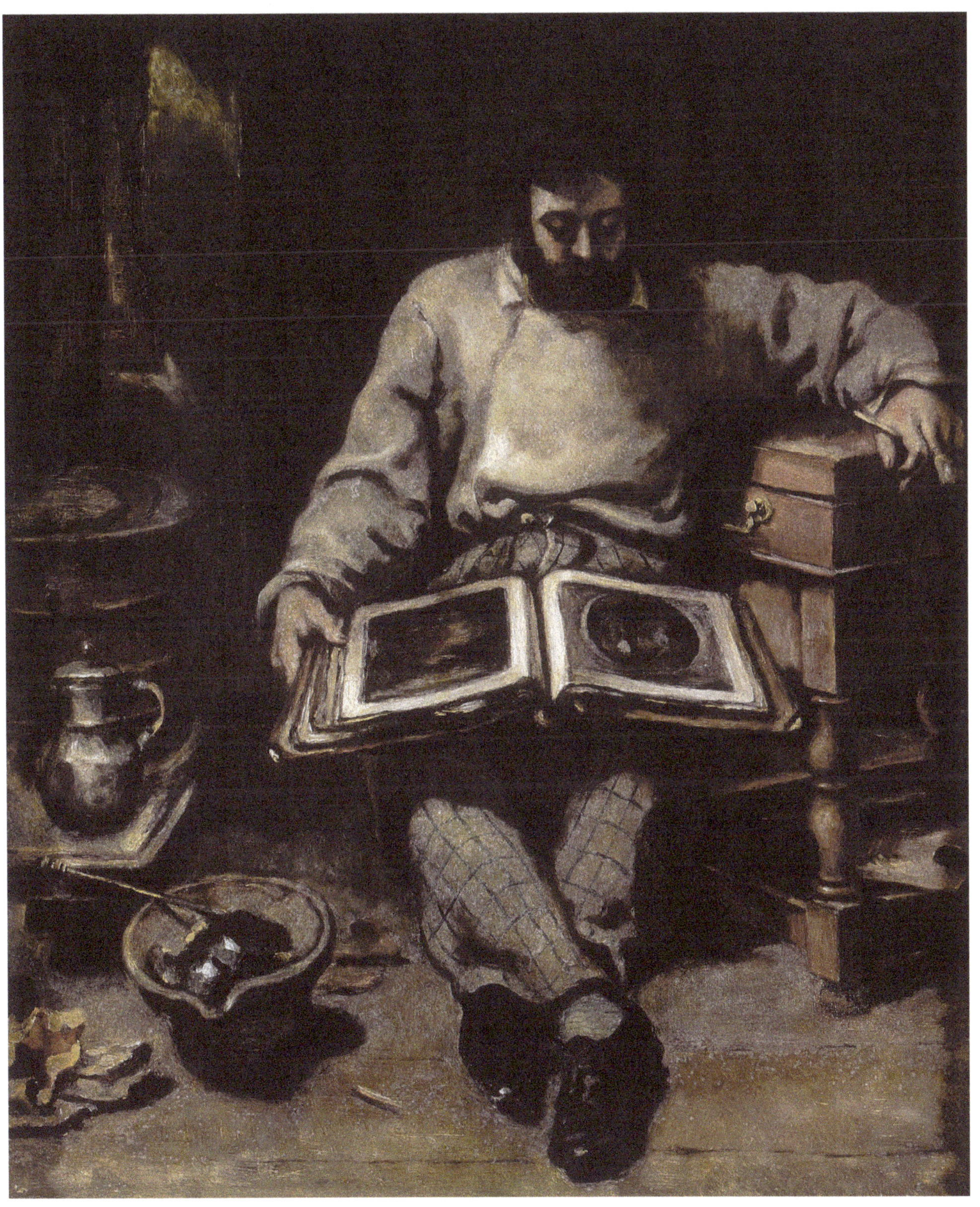

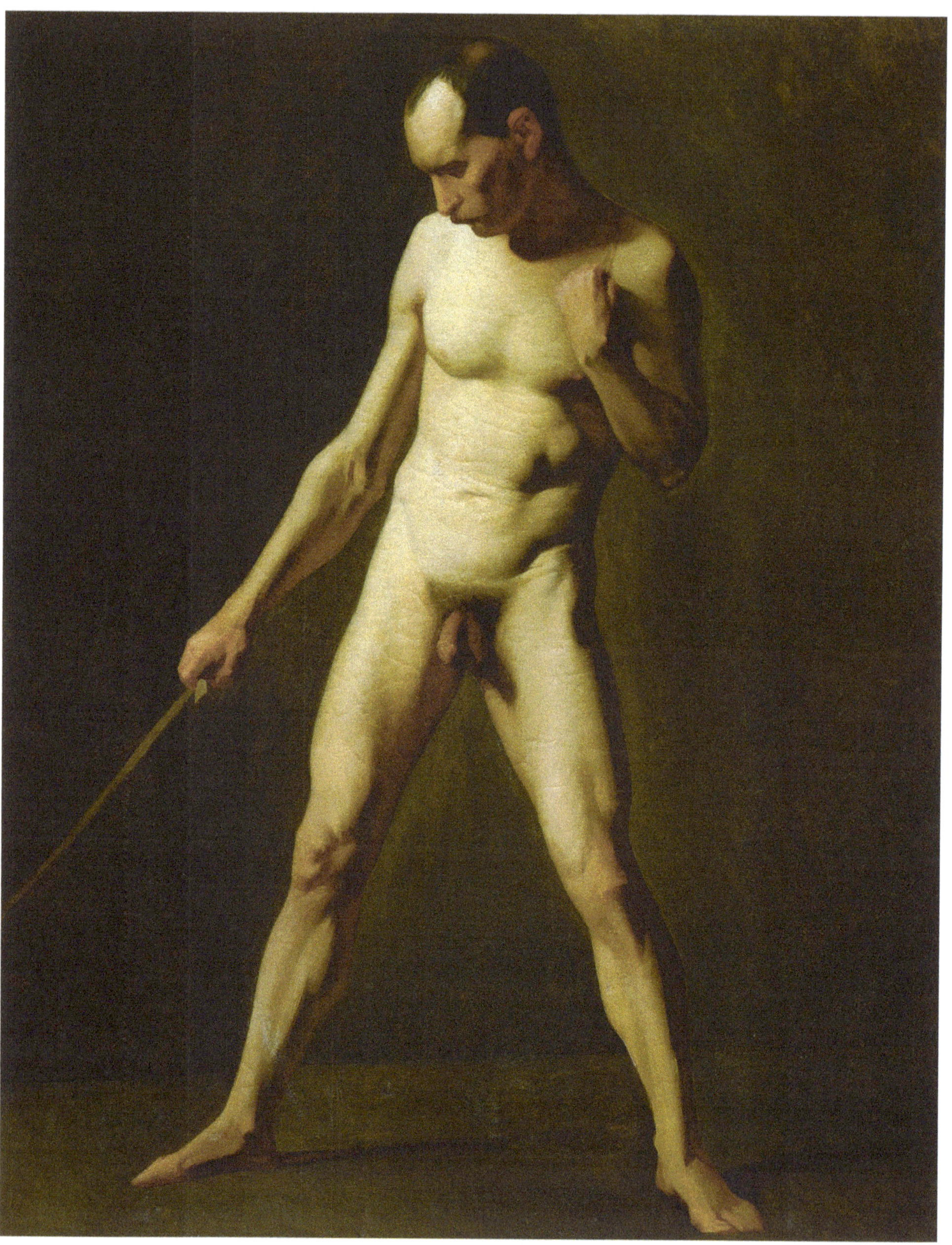

prendre la place du grand seigneur ou du bourgeois en gilet de satin, comme la veille on avait vu des hommes du peuple se prélasser sur le trône du roi des Français et se griser de ses vins.

Envisagé de la sorte, le réalisme, devenu peinture à tendance, ne serait, en somme, qu'un mouvement transitoire, valant ce qu'il pouvait valoir au point de vue esthétique. Une certaine rudesse de forme, jointe à l'assourdissement des couleurs, était, en quelque sorte, une profession de foi, au même titre que les solennelles images de David avaient prétendu traduire l'austérité républicaine.

Mais que devait avoir de commun avec le progrès indéfini de l'art un mouvement de l'espèce? Est-ce que toutes les conditions exigées précédemment, non pas depuis vingt ans mais depuis des siècles, pour constituer une création vraiment belle, cessaient de prévaloir, parce qu'il avait plu à certain peintre parisien de représenter des *Paiysans de Flagey* et *des Casseurs de pierres* au bord d'une roule?

Champfleury avait déclaré le réalisme un mot vide de sens; Courbet n'était pas du tout de cet avis. Pour lui, la définition était des plus faciles; voici comment il s'exprimait, à cet égard, au Congrès artistique d'Envers :

◀ **Jean-François Millet**, *Étude de nu*, vers 1837.
Huile sur bois, 81 x 65 cm.
Musée d'Art Thomas-Henry, Cherbourg

▼ **Gustave Courbet**, *Les Casseurs de pierres*, reproduction
d'après l'original détruit de 1849.
Huile sur toile, 190 x 300 cm.
Gemäldegalerie, Dresde.

« Le réalisme n'est bien connu d'aucun de ses adversaires; il n'est pas aussi ancien qu'on veut bien le dire et n'a rien de commun avec les querelles des réaux et des nominaux; le fond du réalisme, c'est la négation de l'idéal, à laquelle j'ai été amené depuis quinze ans par mes études et qu'aucun artiste n'avait jamais jusqu'à ce jour osé affirmer catégoriquement... En concluant à la négation de l'idéal et de tout ce qui s'ensuit, j'arrive en plein à l'émancipation de la raison, à l'émancipation de l'individu et finalement à la démocratie !... » On voit que nous n'étions pas si loin de la vérité.

J.-F. Millet écrivait ceci : « Mes critiques sont gens instruits et de goût j'imagine, mais je ne peux me mettre dans leur peau, et comme je n'ai jamais de ma vie vu autre chose que les champs, je tâche de dire comme je peux ce que j'ai vu et éprouvé quand j'y travaillais. Ceux qui veulent faire mieux ont certes la part belle. »

Des journaux parisiens rapportaient naguère que M. Robert-Fleury, le doyen de l'Académie des beaux-arts, avait désigné à l'exposition de l'œuvre de Courbet un portrait de l'artiste, en le proclamant une œuvre digne du pinceau de Rembrandt. Les portraits qu'il fit de lui-même furent, effectivement, les études les plus châtiées du peintre.

Quoi de plus juste? La peinture, si vigoureuse qu'elle soit, n'importe-t-elle que comme expression d'une virtuosité qui devra nous faire tenir pour suffisante cette qualité à l'exclusion de toute autre? Acceptons, si l'on veut, comme un progrès acquis, toute manifestation de talent se faisant jour avec la vigueur déployée quelquefois par un Courbet.

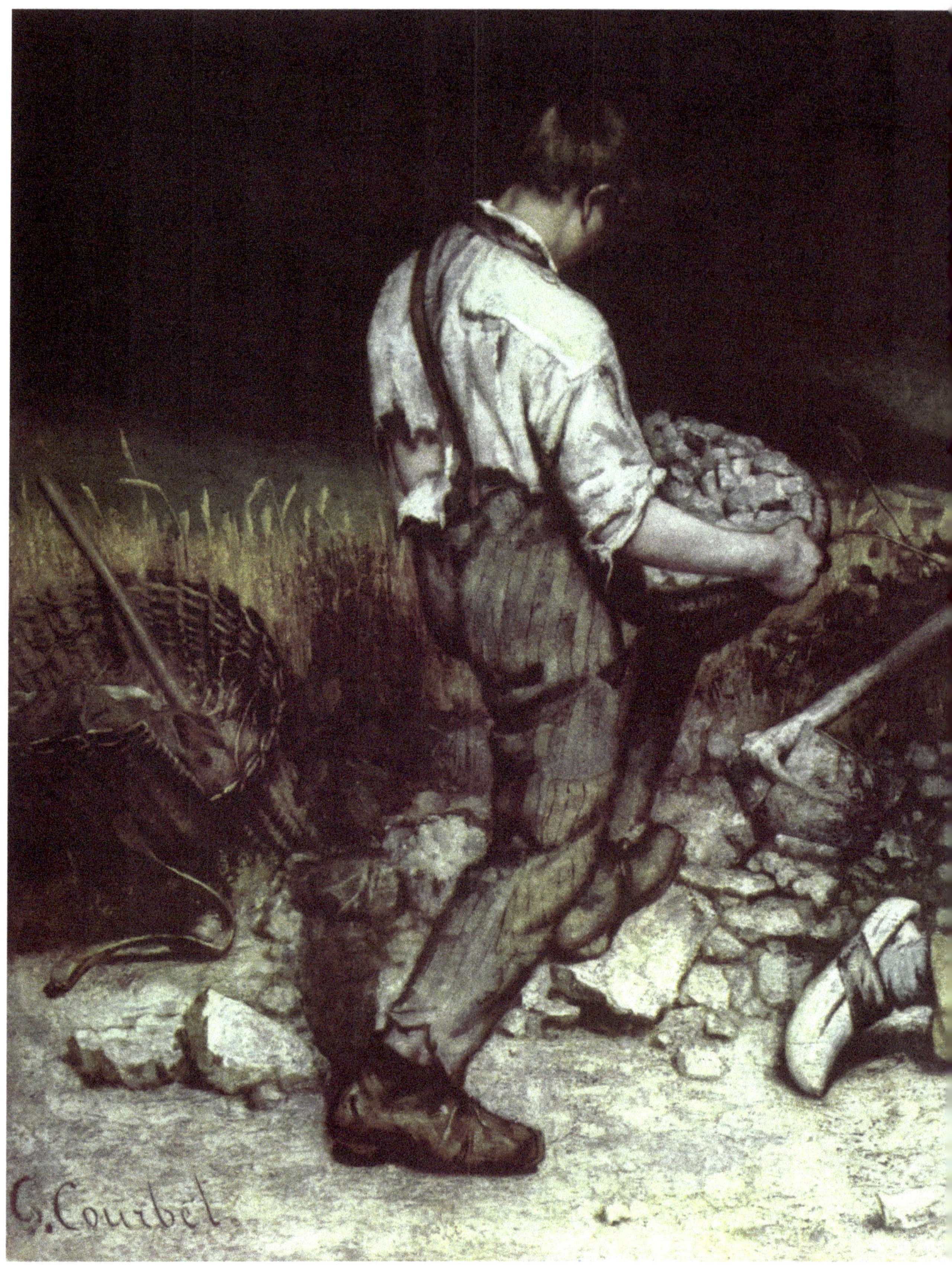

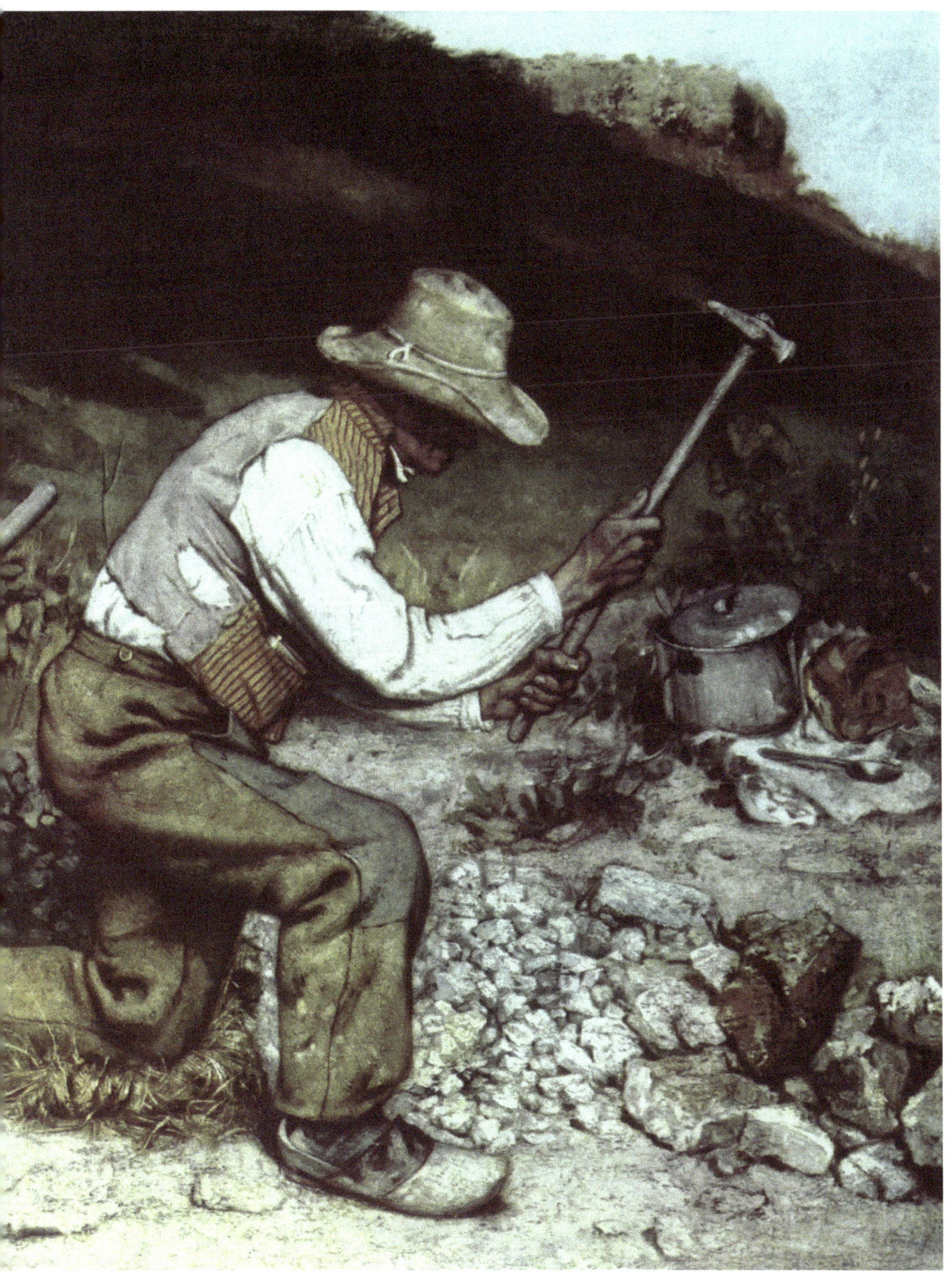

POLEMIQUES AUTOUR DU REALISME

Il nous presse de faire abstraction des personnalités. Allons aux œuvres, et demandons-nous si les défauts et les côtés faibles du réalisme étant établis, il est permis d'attribuer au système une conception nouvelle de la nature, appelant les regards de nos contemporains et de nos successeurs vers une forme d'expression inaperçue ou jusqu'alors incomprise.

On nous citera telle page admirée, à juste titre, pour sa sincérité; mais aussitôt se présenteront en foule à notre souvenir des maîtres de premier ordre, qui en Espagne, en Flandre, en France, en Angleterre, en Hollande, surtout, ont laissé des chefs-d'œuvre exclusivement inspirés des scènes les plus insignifiantes de la vie journalière. Frans Hals, Rembrandt, Jean Steen, Ostade, Pierre de Hooghe, Teniers, Velasquez, Le Nain, Chardin, Gainsborough, ne sont évidemment pas moins sincères que les représentants de l'école réaliste, ni moins poétiques dans leur interprétation de la nature.

« Au point de vue matériel, dit un critique allemand, la nouvelle théorie ne constituait pas un progrès bien marquant, car le fait de peindre une trogne de buveur avec une vérité telle que l'on croit percevoir jusqu'à l'odeur d'absinthe qu'elle exhale, ne fournit pas la preuve d'un talent supérieur à celui qu'il faut pour rendre d'une manière parfaite un profil régulier. »

Le réalisme se fit toutefois accepter comme théorie; il avait, selon l'expression de Champfleury, « fait son trou dans le dictionnaire », il eut ses partisans énergiques et d'une entière bonne foi, mais que la somme de leurs connaissances artistiques n'appelait pas à faire autorité; il devait avoir aussi ses flatteurs, comme les a toute puissance.

L'imprévu, en toutes choses, a cet avantage indéniable de frapper l'attention des foules. Toute forme nouvelle d'expression, sans constituer nécessairement un progrès, implique pourtant l'initiative et suppose un effort. Être discuté n'est pas le lot du premier venu et, d'ailleurs, la confiance qu'on possède en ses propres jugements est rarement si robuste qu'une voix secrète ne vienne, à certaines heures, rappeler à l'homme sa faillibilité. L'artiste, le jeune artiste surtout, est sujet à ces moments de doute qui donneront à la formule nouvelle l'apparence d'un progrès, et plus d'un a payé cher l'illusion.

D'autres causes allaient contribuer à la diffusion rapide des théories du réalisme. En premier lieu vint la fréquence des expositions. Appelés à choisir entre l'exposition d'une œuvre hâtive et l'abstention, peu d'artistes croient devoir préférer celle-ci. Le besoin de notoriété, l'espoir des récompenses, les chances de la vente, la crainte de l'oubli : autant de motifs qui les poussent.

Grâce aux salons annuels de peinture, les théories mises en honneur par Courbet purent arriver assez tôt à se faire accepter. Le public, à force d'entendre prononcer un nom et souvent proclamer un mérite, peut croire que notoriété et valeur sont synonymes :

▶ **Jean-François Millet**, *Femme Nue Couchée*, 1844-1845
Huile sur toile, 33 x 41 cm.
Musée d'Orsay, Paris.

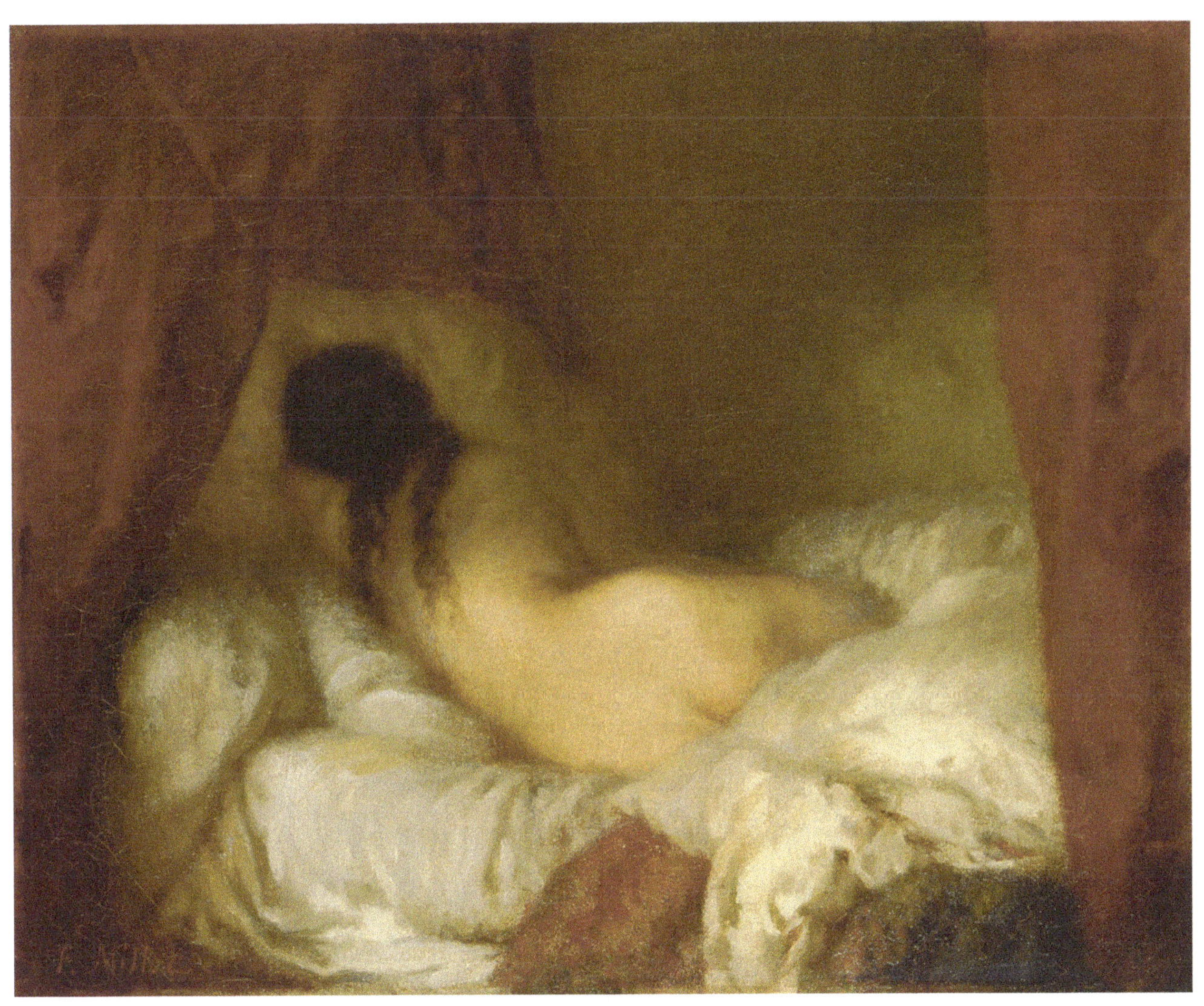

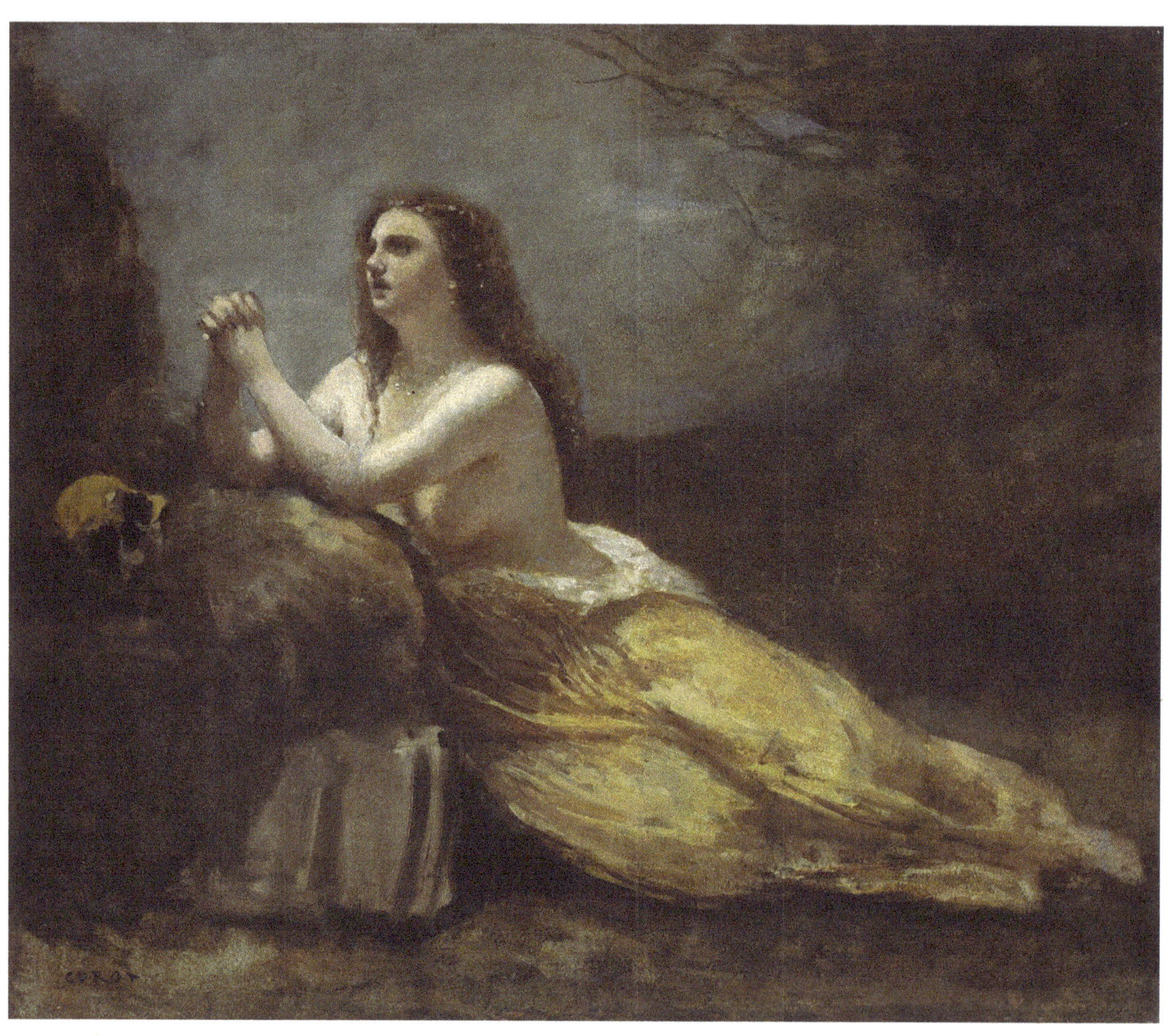

il ne discute plus et cesse d'être choqué de certaines choses contre lesquelles il protesterait, laissé à la libre manifestation de ses préférences.

A cette phase de l'histoire de l'art, une circonstance des moins prévues vint donner tout à coup au réalisme une apparence nouvelle de légitimité : ce fut l'invention de la photographie. La chose était, vraiment, trop merveilleuse pour ne pas justifier tous les enthousiasmes.

Comment croire que désormais l'imitation ne serait pas le but exclusif de l'art, quand la simple action chimique des rayons solaires arrivait à rendre l'image exacte de tout ce qui nous environne, avec une perfection à désespérer l'artiste le plus patient? La meilleure preuve que cette croyance existait, c'est qu'on alla jusqu'à insinuer que des œuvres comme celles de Meissonier, par exemple, devaient leur supériorité au concours de la photographie, et des critiques prouvèrent toute l'étendue de leur incompétence en se faisant les échos de pareilles absurdités.

Tout d'abord, il faut le constater, la faculté de perception des peintres était sortie victorieuse d'une épreuve qu'on pouvait voir tourner à la confusion complète de quiconque tenait le pinceau. L'effet de la lumière et des ombres, la projection des objets dans l'espace se montraient tels que nos regards étaient accoutumés à les percevoir; la

◀ **Jean Baptiste Camille Corot**, *Madeleine en prière*.
Huile sur toile, 48 × 54 cm.
Jérôme Ottoz, Paris.

photographie les rendait sans retrancher aucune chose aperçue jusqu'alors, et donnait, en outre, à ses images, une précision de détail propre à contenter l'œil le plus scrupuleux.

Pour beaucoup d'artistes et pour le public lui-même, la nature allait se présenter sous un aspect nouveau. Jusqu'alors on était allé vers elle, pénétré d'un respect religieux, d'une curiosité jamais satisfaite, certain de rester toujours bien loin d'une réalité que nul n'était sûr d'avoir bien aperçue et toujours dans l'espoir de lui dérober quelque secret; voici l'épreuve photographique se présentant comme un moyen de contrôle à la portée de tous et, précisément, ce qui plaidait en faveur de la supériorité du peintre sur l'inerte machine allait, pour un nombre infini de personnes, être interprété comme un élément d'infériorité.

Chose digne de remarque et bien faite pour démontrer cette influence de la photographie sur la peinture, il est impossible de ne pas être frappé de la manière dont chaque étape nouvelle du procédé trouva son équivalent dans l'effet des tableaux à cette époque d'investigation. La réalité avait triomphé de l'image : l'image allait vouloir, à son tour, triompher de la réalité.

Imparfaite d'abord en ses tentatives, la photographie n'arriva pas d'un jet à sa netteté présente. Les demi-teintes ne furent rendues qu'après une longue période d'essai, et la grande puissance des lumières ne se produisit que sous l'influence du perfectionnement des lentilles joint à l'expérimentation de certaines matières nouvelles. Les premières images apparaissent comme environnées de vapeurs.

On vit des artistes se passionner pour cette indécision des contours, et si ce ne fut là qu'une époque transitoire, on ne peut nier que la science des effets ne souffrit de l'innovation. On crut un instant devoir prêter à la nature des apparences de grisaille, el le résultat fut plus grave encore en ce qui touchait l'étude de la forme.

Dire que la poursuite de l'idéal, que l'étude des effets eût cessé d'être tenue en honneur serait inexact; comment nier, pourtant, l'influence toute-puissante et presque tyrannique de l'habitude en toute matière régie par le goût? L'artiste put croire que, réellement, une ère nouvelle s'ouvrait pour lui et que certains droits nouveaux, non dissemblables de ceux que la Révolution avait conférés au citoyen, lui étaient échus. Fallait-il s'appliquer encore avec la même ardeur à l'analyse de la forme, à l'étude des proportions si laborieusement poursuivie à travers les âges depuis Polyclète jusqu'au Poussin? La beauté gardait ses droits, mais à la condition de résider, non pas dans l'imagination de l'artiste, mais de se renfermer dans l'ordre des réalités banales issues de la photographie, à la condition, enfin, de se plier à ce niveau bourgeois qui nous rend tous égaux devant l'appareil. La distinction des mouvements, la noblesse des attitudes cessaient dès lors de prévaloir sur la réalité pure et simple; tant mieux où elles résidaient, tant pis où elles faisaient défaut, et, à force de se le persuader, l'on se crut admis à rejeter, sans autre examen, parmi les conventions, toute recherche entreprise dans le domaine de l'idéal.

Une cause d'autre nature et non moins puissante, devait exercer son influence sur la marche des beaux-arts : l'accroissement rapide des fortunes. La somptuosité des intérieurs en vint à exiger comme complément naturel et obligé la présence des tableaux, des sculptures. On voulut des œuvres appropriées à la décoration des appartements, et s'il était loisible à la richesse de s'entourer de productions de première valeur, les fortunes plus modestes crurent pouvoir, à un moindre prix, se contenter de la perfection relative, de l'apparence des toiles signées des plus grands noms. On eut ainsi des œuvres de reflet, chacun trouvant à s'accommoder à sa guise, et si l'œuvre de réelle valeur devait hausser de prix par le voisinage de la médiocrité, celle-ci n'en restait pas moins tolérable, tout au moins tolérée, étant donné qu'on la jugeait conforme aux ressources de son acquéreur. Au lieu de se contenter de reproductions bien faites, d'estampes de mérite, on préféra des originaux de bas aloi. La conception nulle et l'exécution lâchée purent avoir leurs preneurs.

Lancé dans la voie de produire vite et beaucoup, on s'autorisa de toutes les méprises et de tous les sophismes, et l'à peu près, « l'impression », en plus d'une circonstance, fut érigé en système. Nous parlons de choses du passé; le bon goût et l'expérience ont fait justice dans une large mesure de ces erreurs. « Où manque l'âme, la sensibilité, il n'y a pas d'art, il n'y a que du métier », disait Proudhon lui-même; l'on se persuade de plus en plus de la vérité de cette parole.

▶ **Gustave Courbet**, *Le Retour au pays*, vers 1854.
Huile sur toile, 81 x 64 cm.
Collection privée.

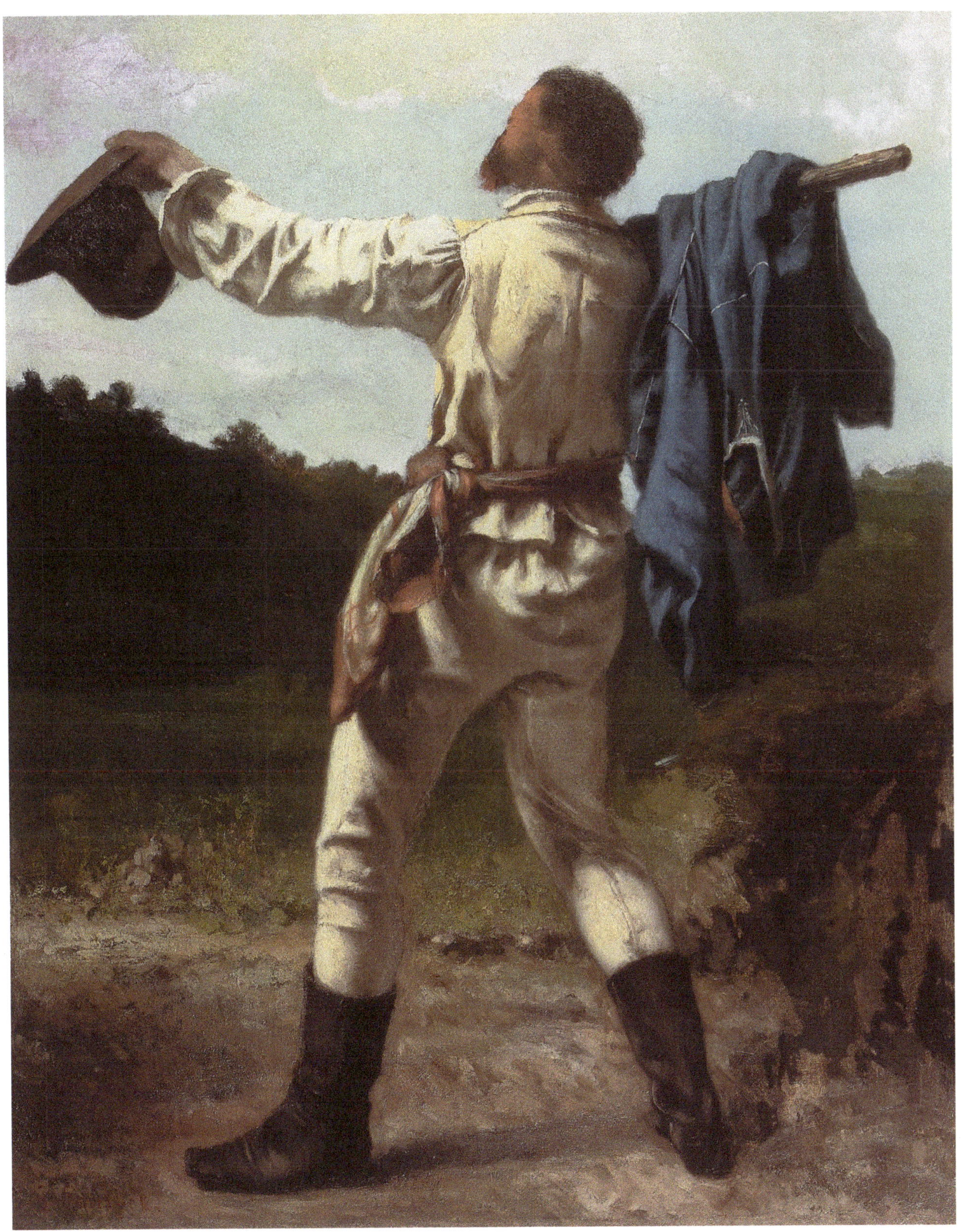

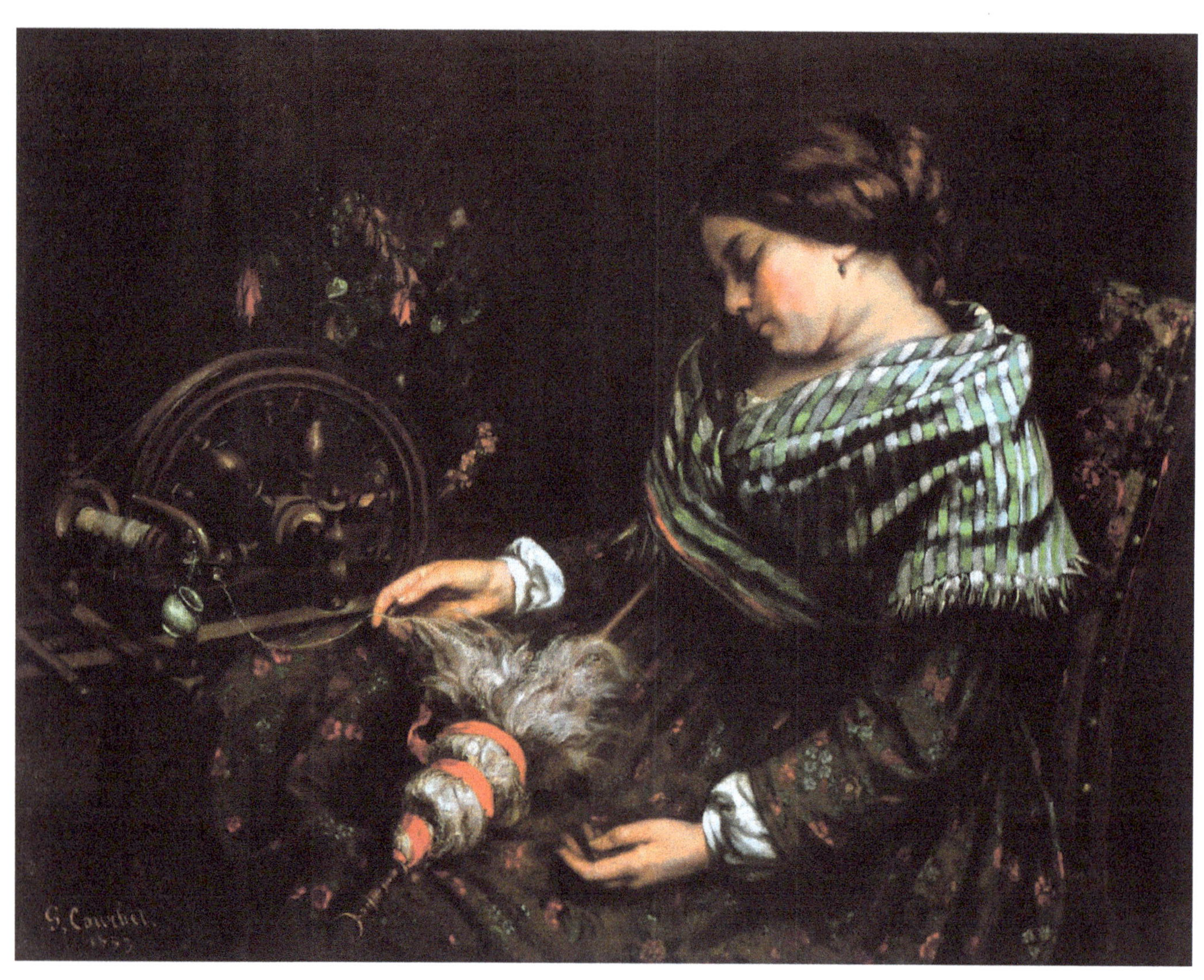

▲ **Gustave Courbet**,
La Fileuse endormie, 1853.
Huile sur toile, 91 x 116 cm.
Musée Fabre, Montpellier.

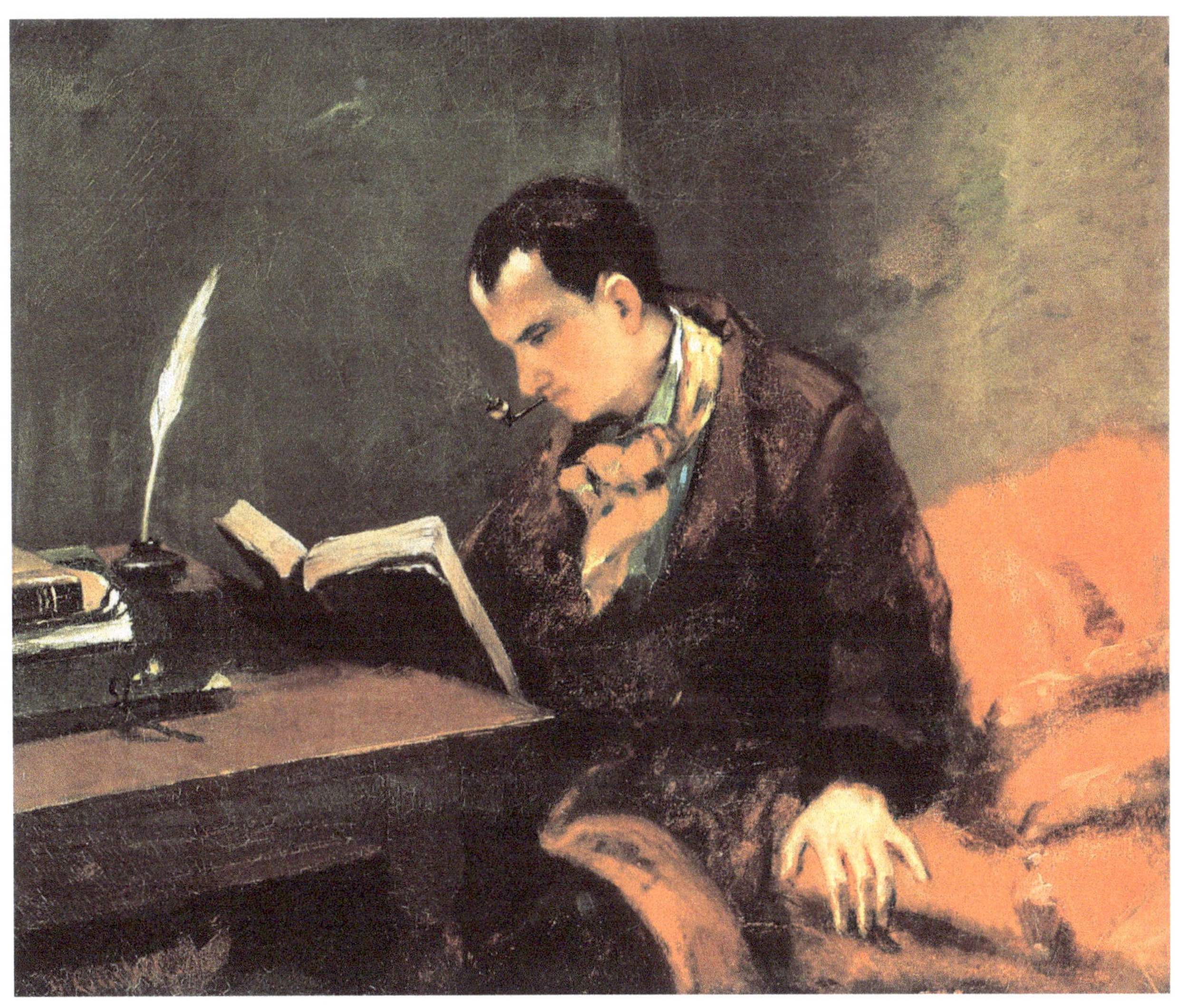

▲ **Gustave Courbet**,
Portrait de Baudelaire, vers 1848.
Huile sur toile, 54 x 65 cm.
Musée Fabre, Montpellier.

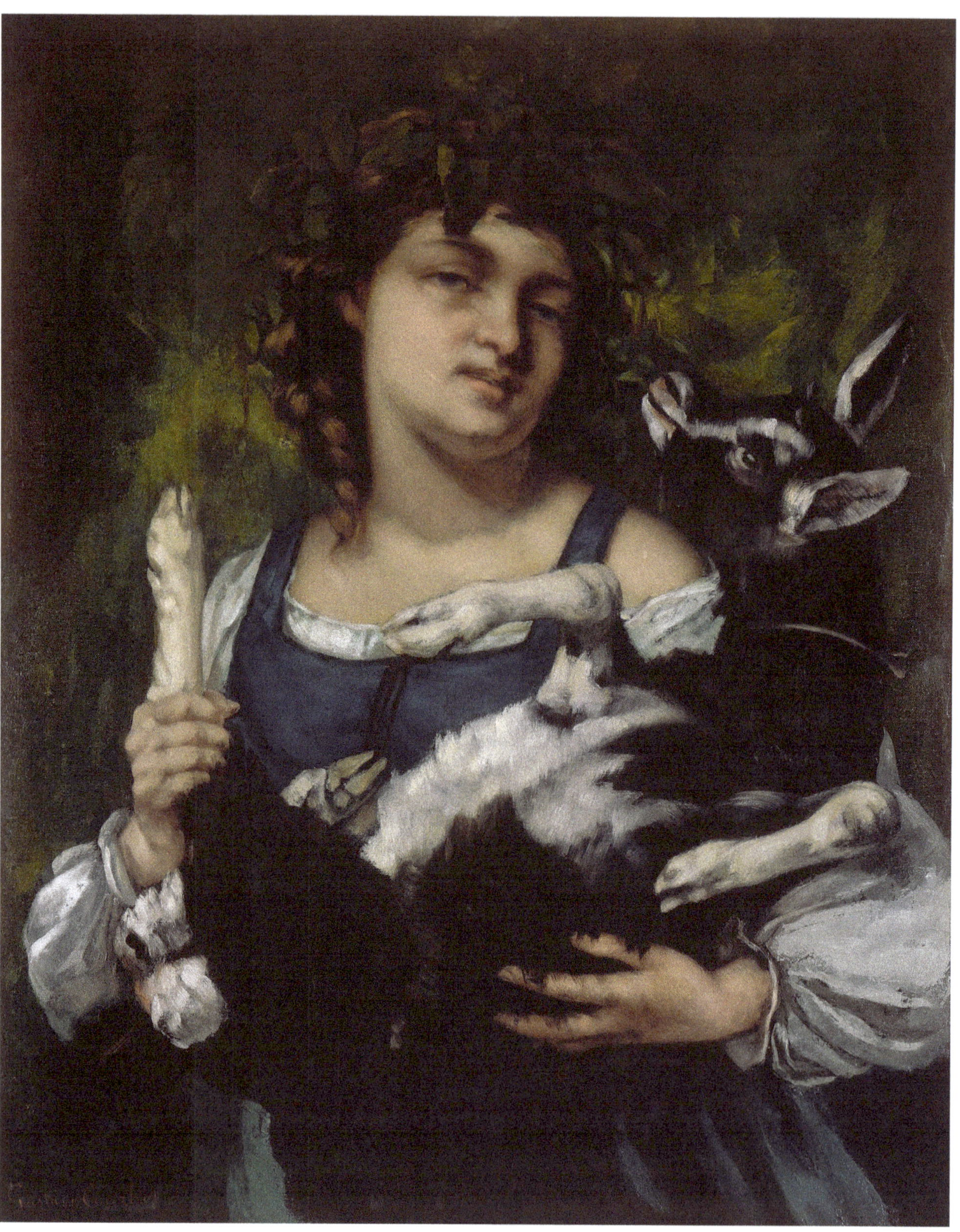

CONCLUSION

Le numéro du 27 février-5 mars 1848 de *L'Artiste* débute par des déclamations enthousiastes et se poursuit sur un ton d'exaltation extraordinaire. La Révolution de Février vient de s'accomplir : elle provoque de magnifiques espérances. Ces espérances seront de faible durée. Bientôt se multiplieront les difficultés politiques et sociales ; les néfastes journées de juin feront succéder la défiance aux élans généreux et prépareront la réaction suivie de la dictature.

Pour les artistes, le bouleversement, les illusions et les déceptions ne seront pas moindres. L'effondrement d'un jury caduc, la cohue ardente du Salon de 1848, le triomphe de Millet et de Courbet, l'affirmation du Réalisme seront suivis, immédiatement, d'un retour aux formules anodines et timorées. Des convenances sucrées envelopperont la peinture, sous le Second Empire, avant de susciter des révoltes nouvelles.

À l'examiner de près, elle offre une confusion quasi inextricable de velléités, de forces, d'affirmations, de négations tumultueuses, contradictoires. Nous apercevons, cependant, qu'elle a produit des œuvres admirables, qu'elle a agrandi la conception du paysage, de l'art monumental, enrichi la technique de bénéfices

◀ **Gustave Courbet,**
Villageoise au chevreau, 1860.
Huile sur toile, 81 x 65 cm.
Musée Gustave-Courbet, Ornans.

durables. À l'envisager de plus loin, l'impression de chaos et d'anarchie tend à s'effacer et nous reconnaissons, sous la multiplicité des faits, le choc de quelques conceptions essentielles réfractées par des tempéraments divers.

Dans l'ordre de l'inspiration, les uns ont affirme la suprématie de l'intellect et les autres celle du sentiment ; le souffle épique a été opposé au lyrisme, le culte des impressions intimes au respect des réalités objectives. Dans l'ordre plastique, nous avons vu l'antagonisme de la beauté et du caractère, du dessin et de la couleur. Dans l'ordre social enfin, la liberté de l'art affranchi de toute préoccupation étrangère a été revendiquée contre la doctrine des fins humaines de l'art.

Classicisme et Romantisme, art pour l'art et art social ont lutté avec intransigeance ; mais il ne nous est pas apparu qu'aucune de ces formules ne renfermait, en elle la vérité absolue. En chacune d'elles, nous avons trouvé une part de vérité relative, selon les circonstances et selon les esprits. Les circonstances, après avoir favorisé l'art pour l'art, ont préparé progressivement une conception moins étrangère à l'humanité ; les esprits, après avoir été entraînés à la fantaisie individuelle et lyrique, se sont soumis à une discipline logique et abstraite ou se sont inclinés devant la réalité ; dans cette succession de tendances rien que de contingent ou d'accidentel.

Si l'examen d'une période brève autorise des conclusions générales, l'histoire de la peinture, loin de préparer le triomphe définitif d'une doctrine, est destinée a présenter, sans cesse, des alternances et des retours. Les périodes d'équilibre moral, de tranquillité ou d'indifférence sont favorables au classicisme ; les périodes d'excitation nerveuse ou de dépression développent les instincts romantiques. L'art pour l'art répond aux époques de servitude, l'art social est le fruit de la liberté. Pourtant jamais une période ne se répète, jamais l'art ne revient en arrière. Les cycles, en apparence fermés, n'entravent pas la marche de l'esprit humain. La vie miraculeuse revêt les thèmes éternels d'aspects toujours imprévus ; elle les dote d'une fécondité inépuisable. Sur une trame monotone et perpétuellement neuve, elle fait jaillir les œuvres qui séduisent la raison ou font battre le cœur des hommes.

▶ **Gustave Courbet**,
Femme nue au chien, 1861-1862.
Huile sur toile, 65 x 81 cm.
Musée d'Orsay, Paris.

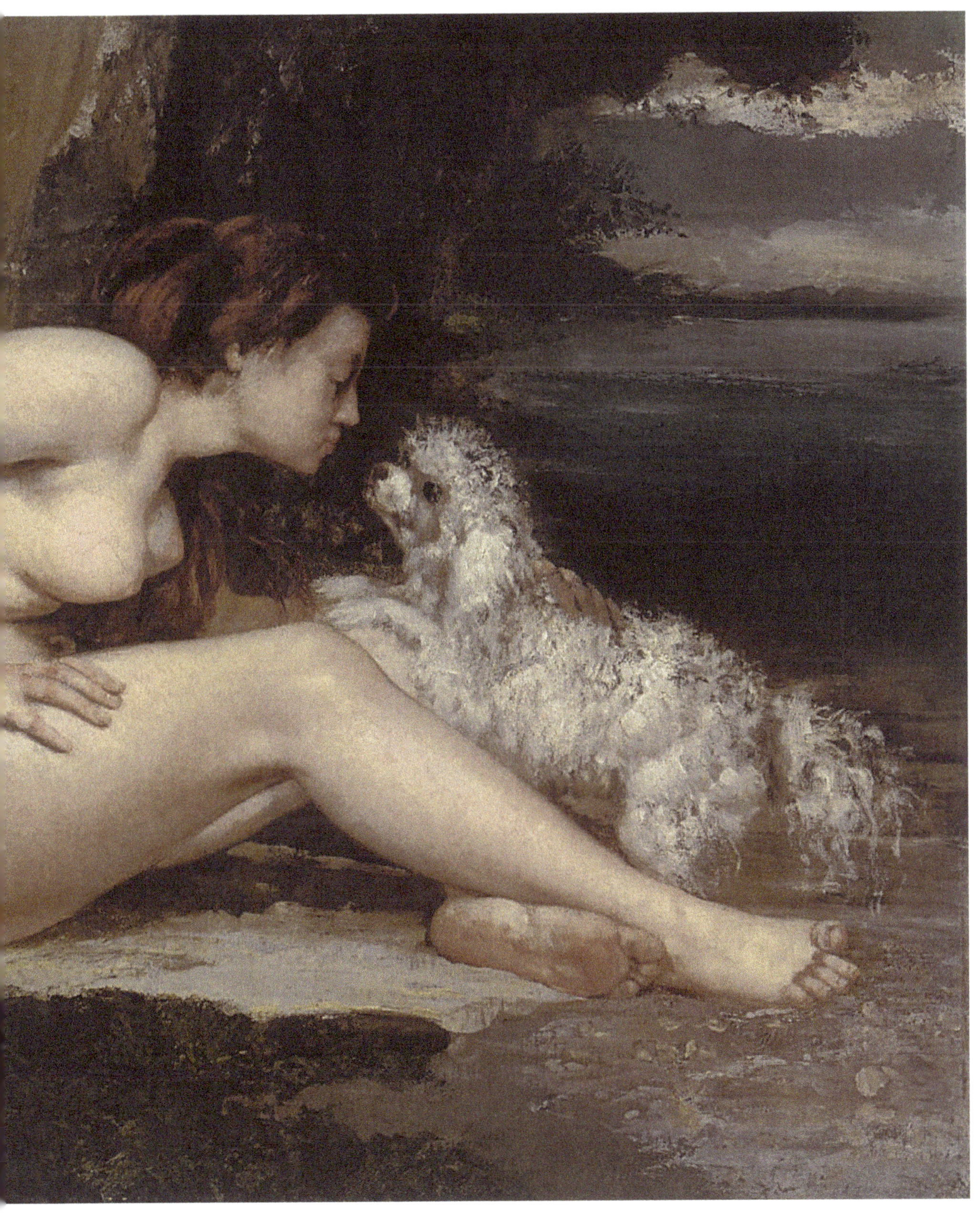

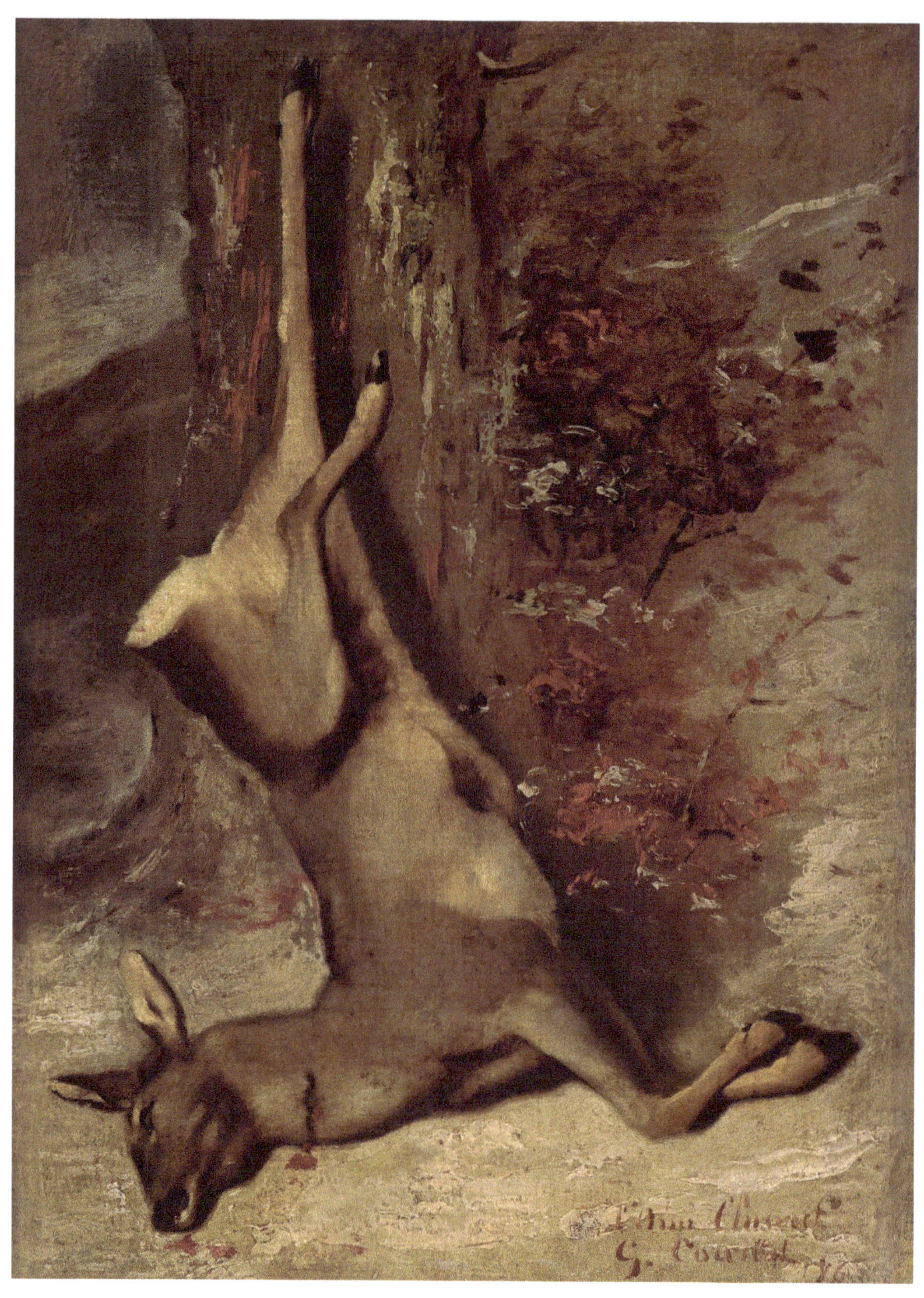

▲ **Gustave Courbet**, *Le Chevreuil*, 1876.
Huile sur toile, 43,5 x 33 cm.
Petit Palais - Musée des beaux-arts de la ville de Paris, Paris.

LES ARTISTES

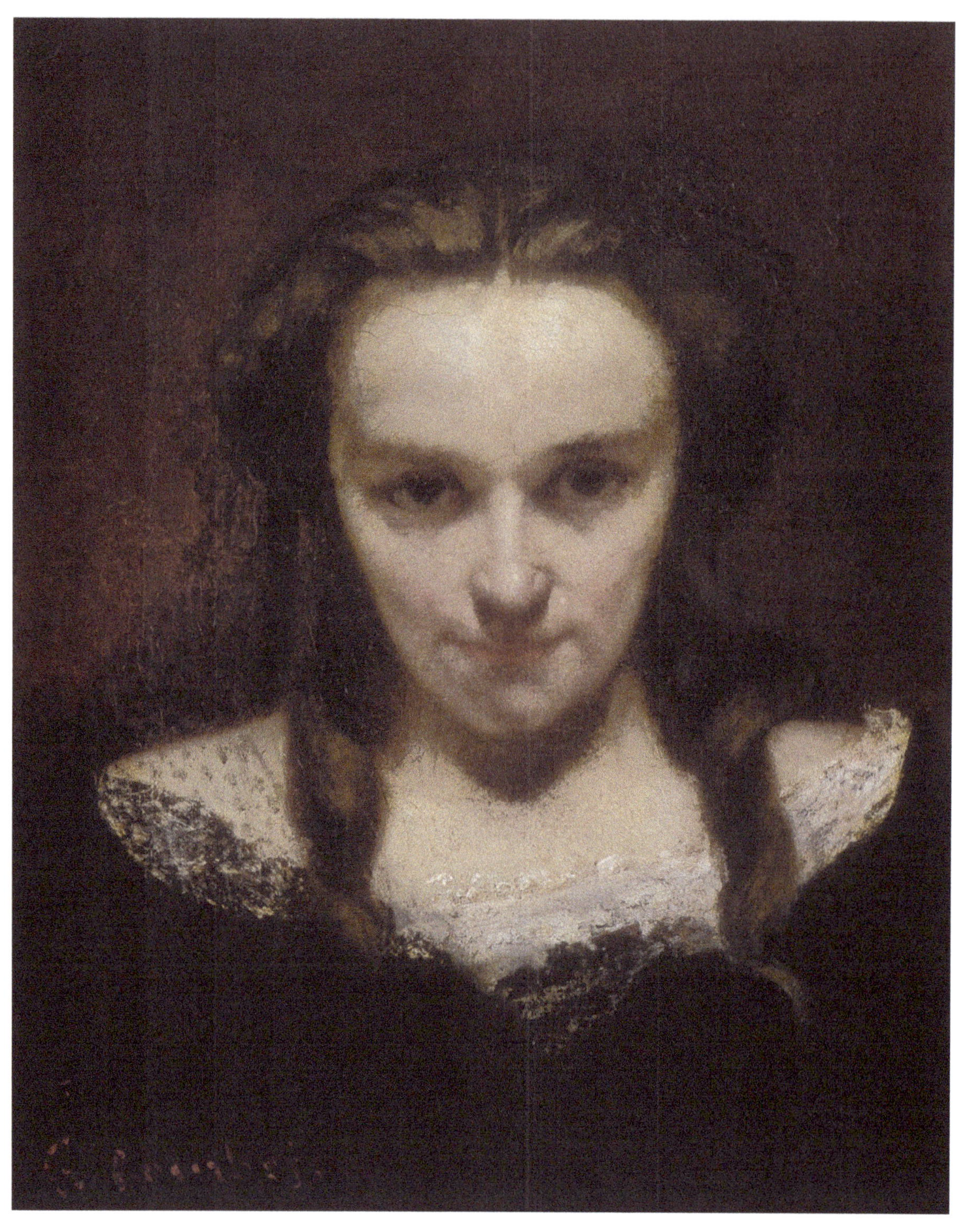

▲ *La Voyante*, dite *La Somnambule*, 1845-1855 (?).
Huile sur toile, 47 x 39 cm.
Musée des Beaux-Arts et d'Archéologie, Besançon.

GUSTAVE COURBET

(Ornans, 1819 – La Tour-De-Peilz, Suisse, 1877)

Enfant du matérialisme et du positivisme, Gustave Courbet est sans doute l'un des peintres les plus complexes du XIXe siècle. Incarnant le refus des traditions, il n'hésitait pas à confronter le public aux vérités de son temps en libérant la peinture des règles conventionnelles, tant par ses sujets que par ses formats. Il devint, dès lors, le chantre du réalisme pictural. Courbet était par nature révolutionnaire, un homme né pour s'opposer à l'ordre existant et affirmer son indépendance ; il possédait la rage et la brutalité qui font le poids d'un révolutionnaire en art comme en politique. Et son esprit de révolte se manifesta dans ces deux directions.

Pendant ses études à Paris, il ne se fixa pas à l'atelier d'un maître influent en particulier. Dans sa province natale déjà, il n'avait pas cherché à se former à la peinture, et préféra dès lors étudier les chefs-d'œuvre exposés au Louvre. Au début, ses œuvres n'étaient pas assez caractéristiques pour susciter une quelconque opposition, et elles furent admises au Salon. Puis il produisit L'Enterrement à Ornans (n° 683), qui fut violemment pris d'assaut par les critiques : « Une mascarade de funérailles, six mètres de long, dans lesquels il y a plus motif à rire qu'à pleurer ». En réalité, la véritable offense des tableaux de Courbet était de représenter la chair et le sang vivants ; des hommes et des femmes tels qu'ils sont vraiment, et faisant vraiment ce qu'ils sont occupés à faire – non pas des hommes et des femmes dépourvus de personnalité et idéalisés, peints dans des positions destinées à décorer la toile. Il se défendit en disant qu'il peignait les choses telles qu'elles sont, et professa que la vérité vraie devait être le but de l'artiste. C'est ainsi que lors de l'Exposition universelle de 1855, il retira ses tableaux du site officiel et les exposa dans une cabane en bois, juste à côté de l'entrée, arborant l'intitulé en majuscules : « Courbet – Réaliste ». Comme tout révolutionnaire, c'était un extrémiste. Il ignorait délibérément le fait que chaque artiste possède sa propre vision et sa propre expérience de la vérité de la nature ; et il choisit d'affirmer que l'art n'était qu'un moyen de représenter objectivement la nature, dénué d'intentions, et non une affaire de choix ou d'arrangement. Dans son mépris pour la beauté, il choisit souvent des sujets que l'on peut sans mal qualifier de laids. Il possédait néanmoins un sens de la beauté doublé d'une aptitude aux profondes émotions, qui transparaît tout particulièrement dans ses marines. Il se révéla être un peintre puissant, au geste ample et libre, utilisant des couleurs sombres en couches épaisses, et dessinant ses contours avec une fermeté qui rendait toutes ses représentations très réelles et mouvementées.

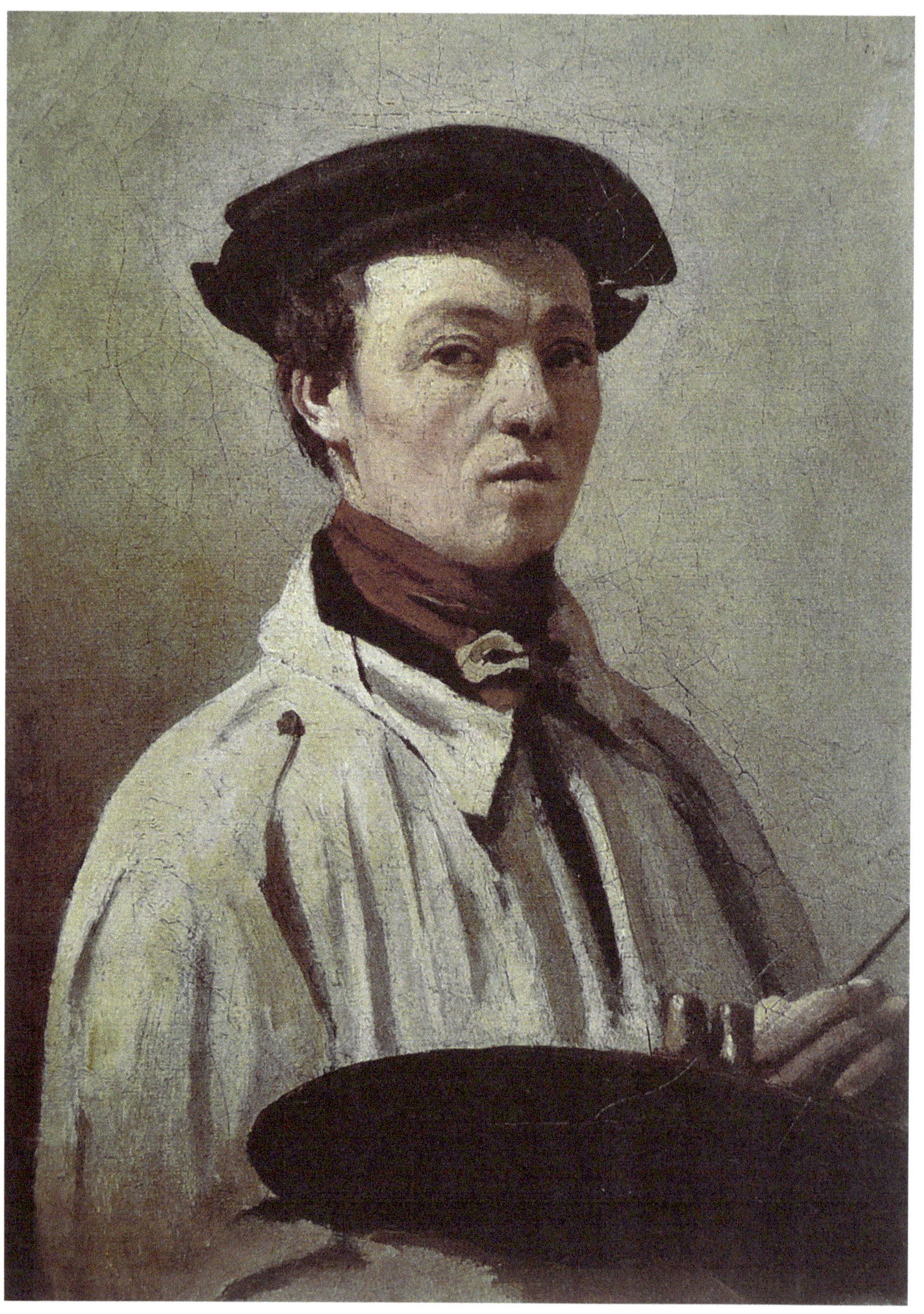

CAMILLE COROT

(Paris, 1796-1875)

Les parents de Corot étaient tailleurs à la cour de Napoléon ler, et jouissaient d'une situation confortable, de sorte que leur fils ne souffrit jamais du manque d'argent. Son père l'avait placé en apprentissage auprès d'un drapier, mais au bout de huit ans il autorisa son fils à devenir peintre. Lorsqu'il finança le premier voyage de son fils en Italie, ce dernier fut tellement séduit par la vie mouvante des rues de Rome et de Naples qu'il les transcrivit immédiatement dans son carnet de croquis. Mais les personnages ne restaient pas immobiles assez longtemps pour être traités de façon méthodique, comme il avait appris à le faire. C'est pourquoi il tenta de rendre par quelques coups de crayon l'effet général de l'image en mouvement, et ce, avec un tel succès, qu'au bout de très peu de temps, il fut capable de décrire des scènes aussi complexes qu'un ballet. Ce talent lui fut très utile lorsqu'il chercha à représenter le frémissement du feuillage dans l'air du matin ou du soir. Cela lui apprit également, peu à peu, la valeur d'une approche plus globale, à ne pas tant chercher à représenter les détails qu'à découvrir les qualités marquantes des objets, et à les unir en un tout suggestif plus que descriptif. Au début, il puisa son inspiration dans la nature italienne, puis les paysages de France commencèrent à exciter son imagination. Dans sa petite maison de Ville-d'Avray, près de Paris, il passait son temps à gorger son âme de visions de la nature, qu'il transférait sur la toile, à peine rentré à Paris. Corot, qui nourrissait ses humeurs de la nature, finit par interpréter les humeurs qu'elle suscitait en lui, plutôt que la nature en elle-même. Il n'est pas le grand poète épique et descriptif, animé par les forces puissantes qui sous-tendent l'étendue de son sujet, mais bien l'interprète lyrique et suave de quelques moments choisis.

◀ *Corot*, la palette à la main (vers 1830).
Huile sur toile, 33 × 25 cm.
Corridor de Vasari, galerie des autoportraits de la
Galerie des Offices, Florence.

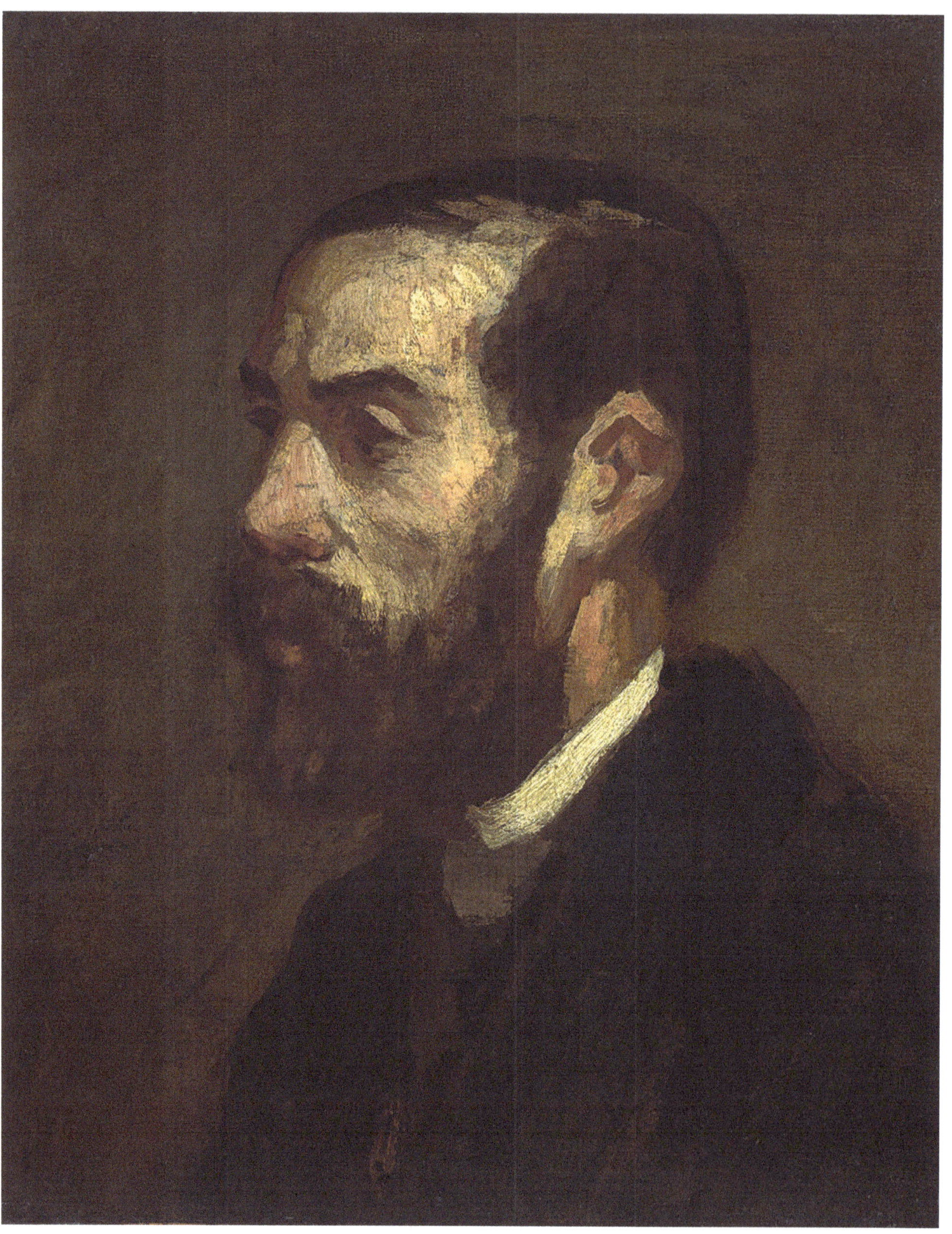

HONORE DAUMIER

(Marseille, 1808 – Valmondois, 1879)

P lacé en apprentissage auprès d'Alexandre Lenoir, Daumier partageait l'admiration de son maître pour l'Antiquité et pour Titien et Rubens. Très jeune, il développa de grandes dispositions pour le dessin, réalisant caricature sur caricature dans lesquelles il exprimait son mépris pour les marottes de la bourgeoisie, la corruption de la loi et l'incompétence du gouvernement. Comme peintre il fut l'un des pionniers du naturalisme. Il dépeignit un large éventail de thèmes, allant des scènes de rues aux scènes inspirées de la littérature ou de la mythologie, grâce à des techniques très variées. Il laissa un assez grand nombre de peintures inachevées, et ne connut le succès qu'un an avant sa mort en 1878, quand Durand-Ruel réunit ses œuvres pour les exposer dans sa galerie.

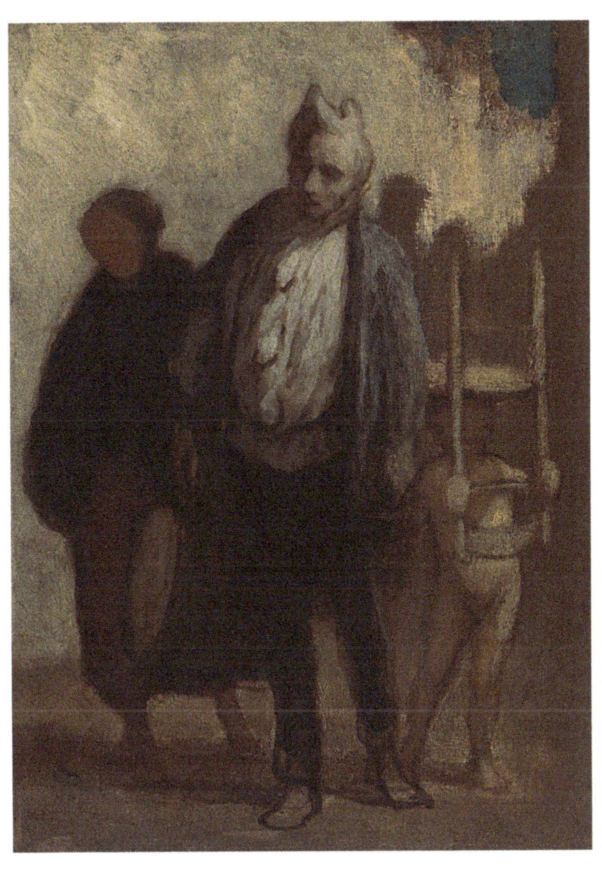

▲ *Colonel Guy Johnson and Karonghyontye (Captain David Hill)*, 1776.
Huile sur toile, 202 x 138 cm.
National Gallery of Art.

◀ **Follower of Honoré Daumier,**
Hippolyte Lavoignat, c. 1860.
Huile sur toile, 46.3 x 38.5 cm.
Chester Dale Collection,

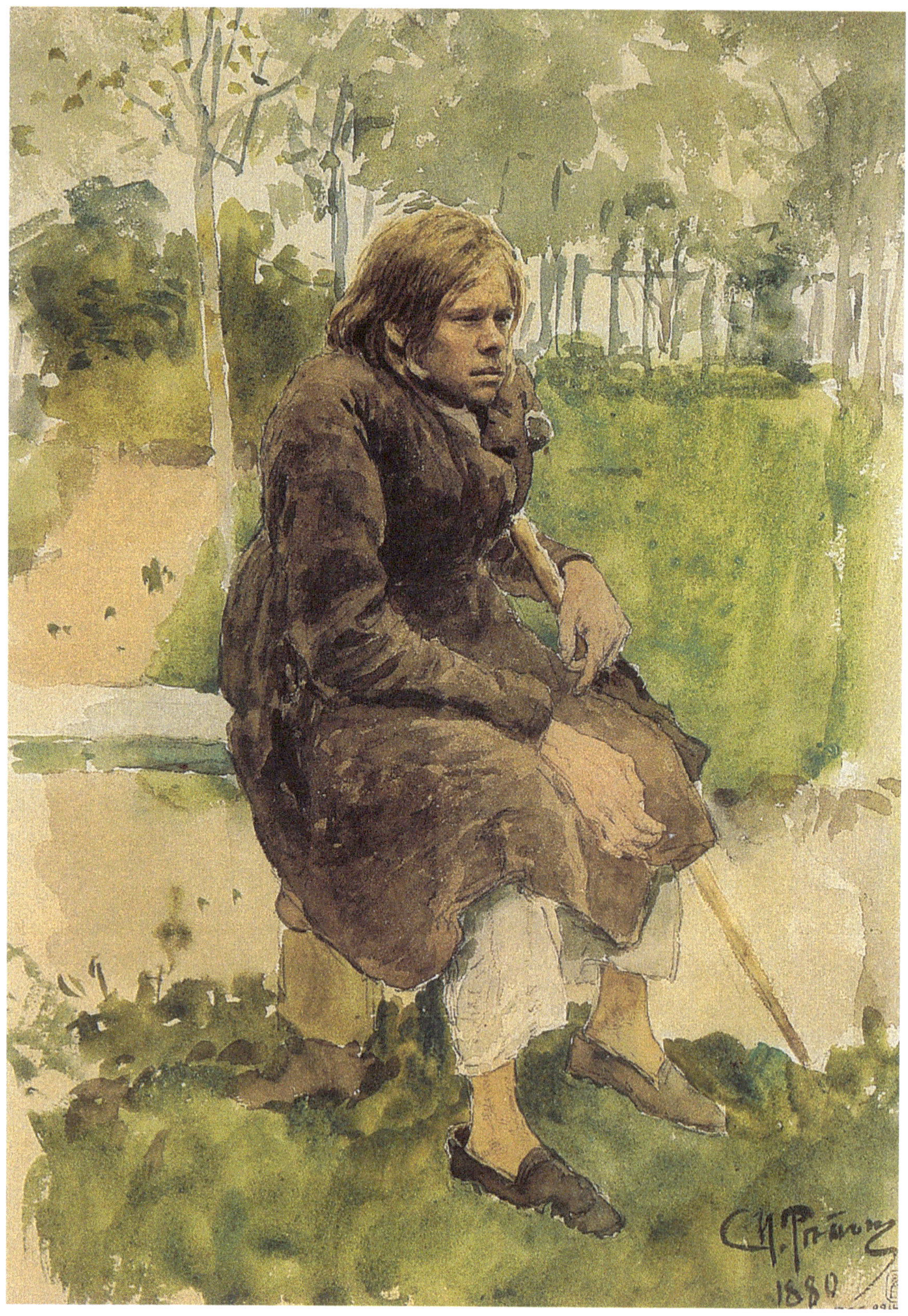

1880

ILYA REPINE

(Chuguyev, 1844 – Kuokkala, 1930)

Ilya Répine était le plus doué du groupe que l'on appelait en Russie « Les Ambulants ». Dès l'âge de douze ans, il entra à l'atelier d'Ivan Bounakov pour apprendre le métier de peintre d'icônes. La représentation religieuse resta très importante pour lui. Il étudia ensuite à l'Académie des beaux-arts de Saint-Pétersbourg de 1864 à 1873 sous l'enseignement de Kramskoï. Durant ses deux ans d'études à Paris, il fut fortement influencé par la peinture en plein air, sans pour autant devenir impressionniste, style qu'il jugeait un peu trop éloigné de la réalité. Épris de culture picturale française, il s'efforça de comprendre le rôle de celle-ci dans l'évolution de l'art contemporain. Entre 1874 et 1875, il exposa au Salon de Paris et participa à la Société des expositions artistiques ambulantes à Saint-Pétersbourg. Un an plus tard, il obtient le grade d'académicien. La plupart des œuvres puissantes de Répine traitent des conflits sociaux dans la Russie du XIXe siècle. Il assit sa réputation en 1873 grâce à son célèbre tableau Les Bateliers de la Volga (voir ci-dessus), symbole du peuple russe opprimé traînant ses chaînes. Outre la lutte contre l'autocratie, il illustra l'histoire officielle de la Russie dans des œuvres telles que Ivan le Terrible devant le cadavre de son fils (n° 744). Considéré comme un des maîtres de la peinture réaliste, il s'attacha à exprimer la vie de ses contemporains : écrivains, artistes, intellectuels les plus en vue de Russie, paysans en plein travail, croyants en procession, révolutionnaires sur les barricades. On compte également beaucoup de portraits de ses proches : Tolstoï, Gay. Il comprenait parfaitement les peines du peuple, les besoins et les joies de la vie populaire, Kramskoï dit à ce propos : « Répine possède le don de représenter le paysan tel qu'il est. Je connais beaucoup de peintres qui représentent le moujik, et ils le font bien, mais aucun ne sait le faire avec autant de talent que Répine. » Ses tableaux, qui s'éloignent des contraintes académiques de ses prédécesseurs, sont délicats et offrent une plasticité puissante. Même dans ses natures mortes, il atteignit une maîtrise supérieure, et trouva de nouveaux accents pour transcrire la vibration colorée et brillante des aspects sensibles.

◄ *Le Bossu*, 1880.
Crayon et aquarelle sur papier,
Huile sur toile, 61 x 52 cm.
Musée d'État Russe, Saint-Pétersbourg.

716. Ilya Répine, 1844-1930, Russe. Les Bateliers de la Volga, 1872-1873. Huile sur toile, 131,5 x 281

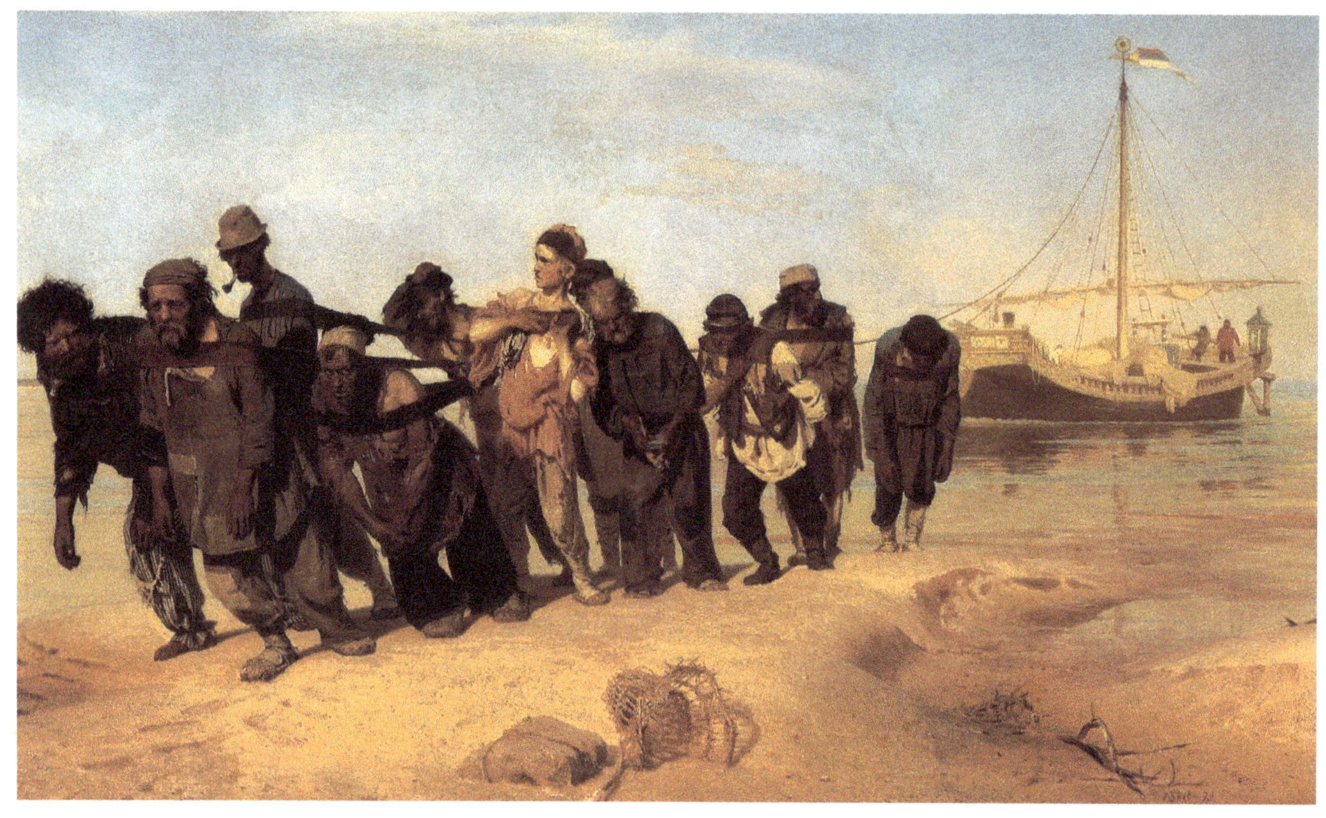

cm. Musée Russe, Saint-Pétersbourg. Réalisme Ce tableau fut à l'origine de la réputation du peintre. Les spectateurs avisés y avaient vu avec raison une réflexion de l'artiste sur la campagne russe à l'époque de l'abolition du servage, sur la destinée des hommes contraints de quitter leur pays pour se faire haleurs. Bien que cette toile ait été le résultat d'un grand travail en plein air, on y devinait une certaine contradiction entre le thème, dont le choix témoignait de la volonté de représenter avec réalisme un fait réel, et les moyens mis en œuvre pour obtenir l'agencement plastique du tableau où se fait voir le désir de « monter un spectacle ». Au cours des périodes de Tchougouïev (province de Kharkov dans laquelle naquit Répine) et de Moscou, le thème paysan devint non seulement l'objet de l'orientation sociale de l'art de Répine, mais aussi l'essence même de son réalisme.

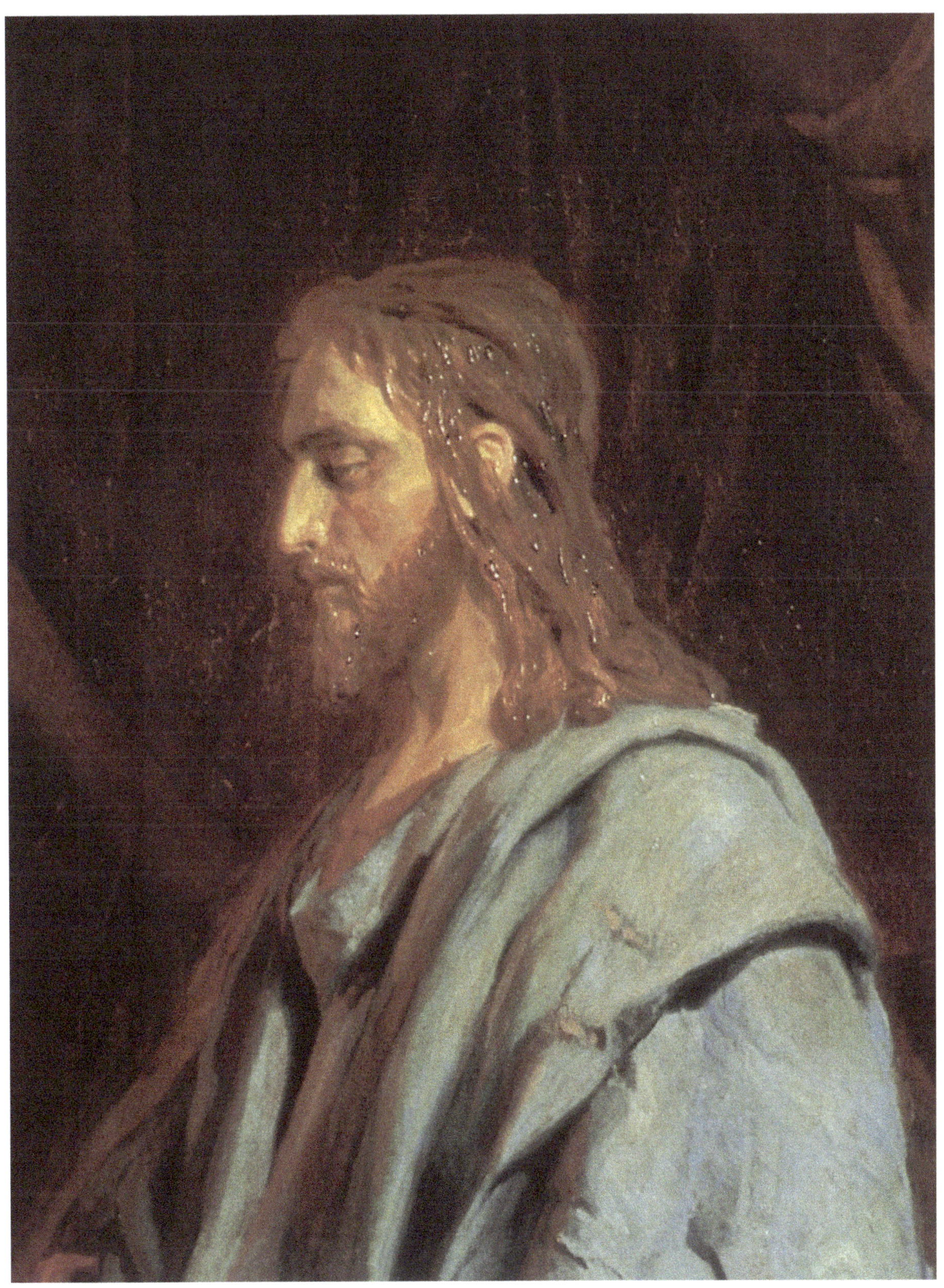

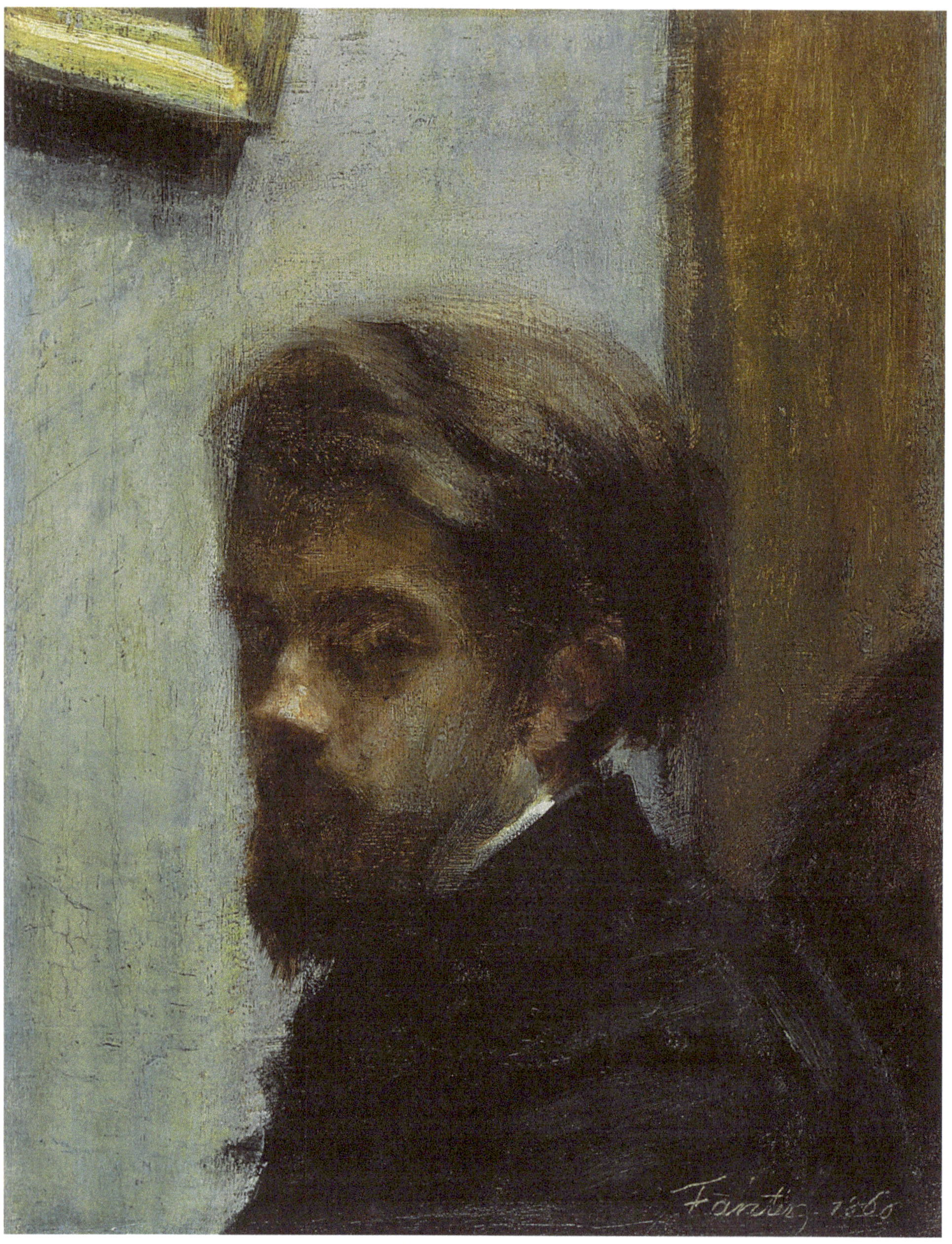

HENRI FANTIN-LATOUR

(Grenoble, 1836 – Bure, 1904)

Pour Henri Fantin-Latour, les natures mortes étaient presque une malédiction. Il était constamment sollicité par des collectionneurs qui ne lui commandaient que ce type d'œuvre, ne lui permettant donc pas de démonter son talent autrement. Par conséquent, il est connu presque uniquement pour ses natures mortes délicates dans lesquelles il excellait, bien que ses extraordinaires portraits de groupes et individuels auraient également dû traverser les époques. La plupart des meilleurs exemples des peintures florales et des natures mortes de Fantin-Latour sont dans les galeries anglaises et les musées du même pays. Lorsque l'on regarde de plus près, ces œuvres révèlent des détails et des objets qui mettent en relief la dimension réaliste de l'œuvre. Elles allient son méticuleux coup de pinceau à de charmantes harmonies de couleurs. Ainsi, ses natures mortes, comme ses portraits, ont une véritable qualité et une grande profondeur picturale.

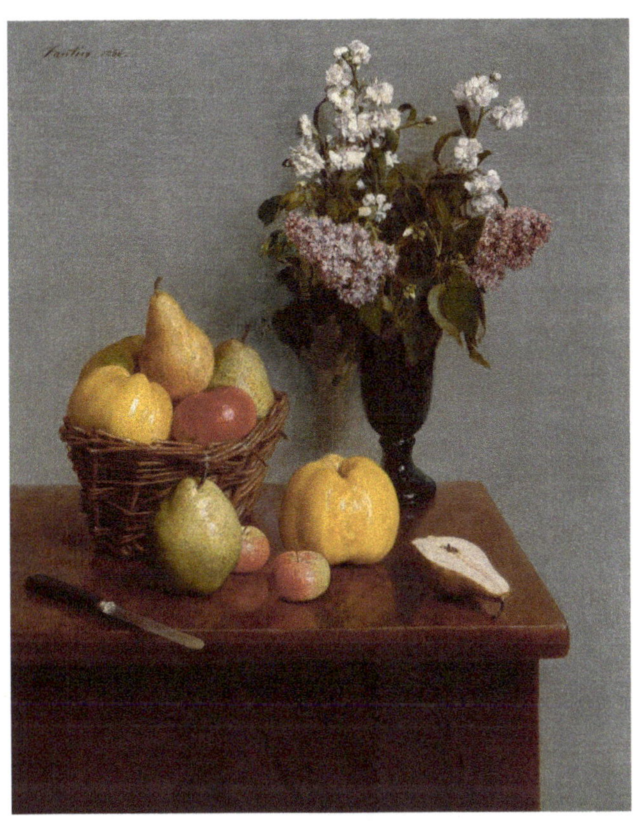

▲ *Fleurs de printemps, pommes et poires*, 1866.
Huile sur toile, 73 x 60 cm.
The Metropolitan Museum of Art, New York.

◄ *Autoportrait*, 1860.
Huile sur toile, 31,4 x 25,4 cm.
Tate Museum, Londres.

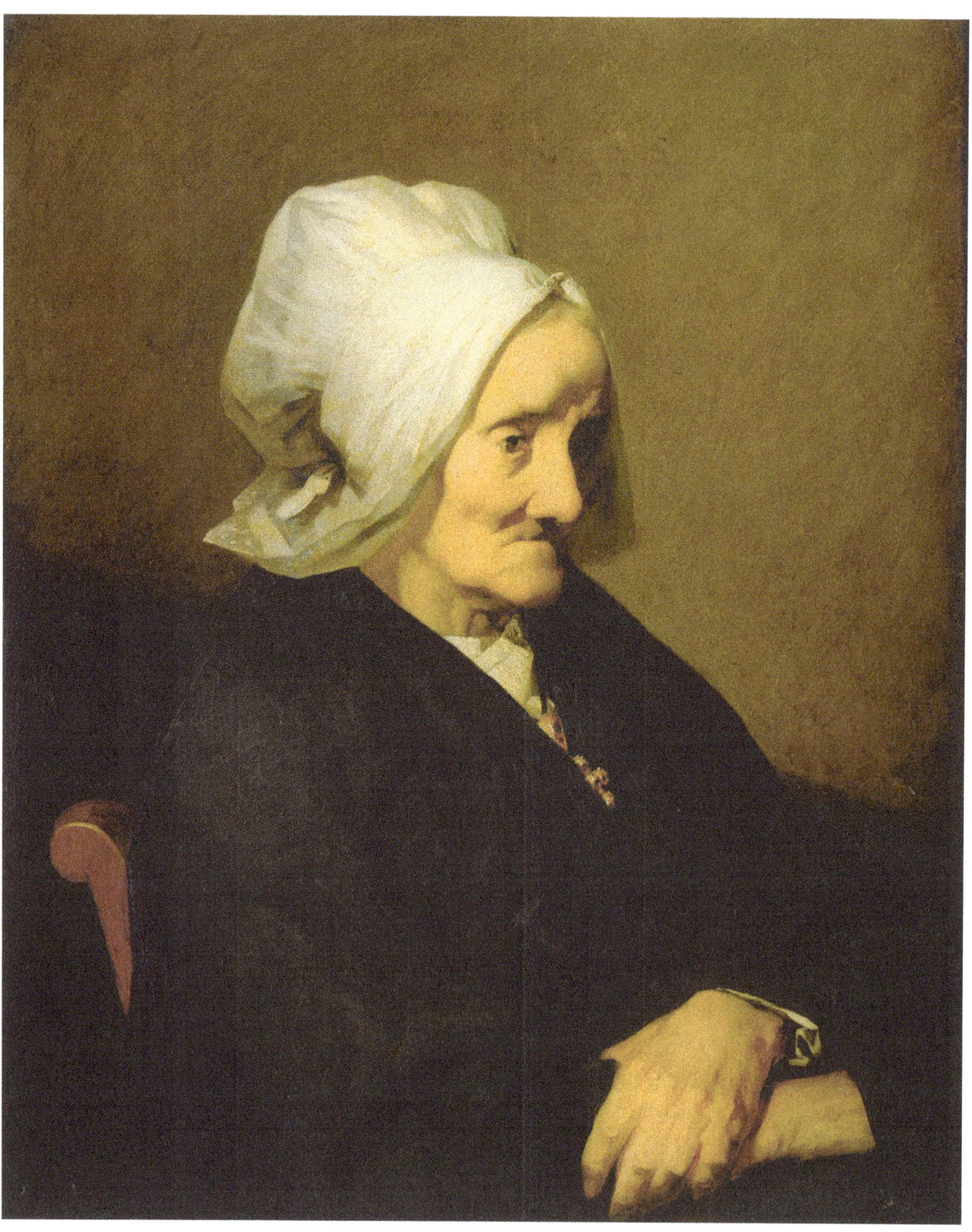

JEAN-FRANÇOIS MILLET

(Gruchy, 1814 – Barbizon, 1875)

Millet était le fils d'un petit fermier, et passa le début de sa vie en contact étroit avec la nature. Il grandit, l'air des collines et de la mer contribuant à forger son caractère et à développer son imagination. Et celle du jeune Millet était fertile. Il ne savait rien de l'art ou des artistes, mais il éprouvait le désir de représenter ce qu'il voyait, et dans les pauses de son travail à la ferme, il copiait les gravures de la Bible de la famille, ou prenait un morceau de charbon et dessinait sur le mur blanc. Un oncle prêtre lui avait donné des leçons dans son enfance, de sorte qu'une fois adulte, il lisait Shakespeare et Virgile dans le texte. C'est pourquoi, bien qu'il fût d'origine paysanne, il dépassa sa condition et enrichit l'interprétation de ses actes les plus intimes, d'une largesse de vue et d'une profondeur de sentiment qui font de ses peintures plus que de simples études de paysans. Ce sont des archétypes. Il peignait un semeur et une fois que nous l'avons appréhendé dans sa plénitude, il devient à nos yeux l'archétype du Semeur ; ainsi, nous ne pouvons regarder une autre peinture sur le même sujet sans la comparer instinctivement avec celle de Millet. Millet, sans intention immédiate d'être poétique, cherchait uniquement à représenter la vérité comme il la voyait et la ressentait. Mais il a dépeint les choses banales et intimes avec une telle conscience du lien qui les unit aux gens qui les font, qu'il a paré – et c'est là la gloire du poète – les faits d'une dimension imaginaire.

686. Jean-François Millet, 1814-1875, Français. L'Angélus, vers 1858. Huile sur toile, 55,5 x 66 cm. Musée d'Orsay, Paris. École de Barbizon Ses représentations de la vie paysanne se distinguent par une atmosphère profondément religieuse, ou du moins sincèrement sentimentale. Cette peinture, la plus populaire de ses vues dépeignant la vie simple, nous montre un couple faisant une pause dans sa besogne afin de prier. Le titre informe le spectateur que le couple est plongé dans une prière appelée l'Angélus, la prière catholique traditionnelle réservée à la Vierge Marie que l'on dit à 6 heures du matin, à midi et à 6 heures du soir. Celle-ci parle de l'ange Gabriel qui, par l'Annonciation, invita la Vierge à être la mère de Jésus (Luc I, 26). Une œuvre antérieure de Millet, Le Semeur (Museum of Fine Arts, Boston), est presque aussi célèbre et nous propose également une tranche de la vie, simple mais digne, des paysans. Millet cherchait à parer ses images d'une certaine grâce, tandis que des artistes comme Bruegel L'Ancien les faisaient souvent apparaître comme des incarnations de la destinée humaine.

◀ *Portrait de Madame Veuve Roumy*, vers 1842
Huile sur toile, 73 x 59.5 cm.
Musée d'Art Thomas-Henry, Cherbourg.

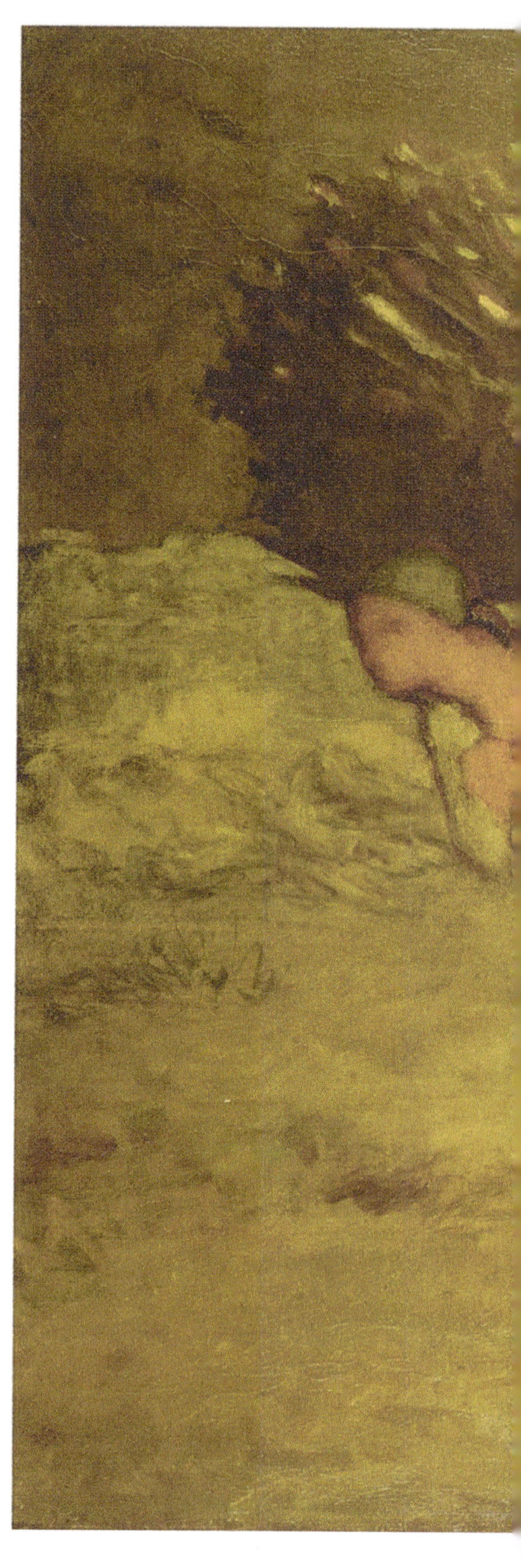

▶ *L'Hiver, Les Bûcheronnes*, 1868-1875.
Huile sur toile, 82 x 100 cm.
Musée national, Pays de Galles.

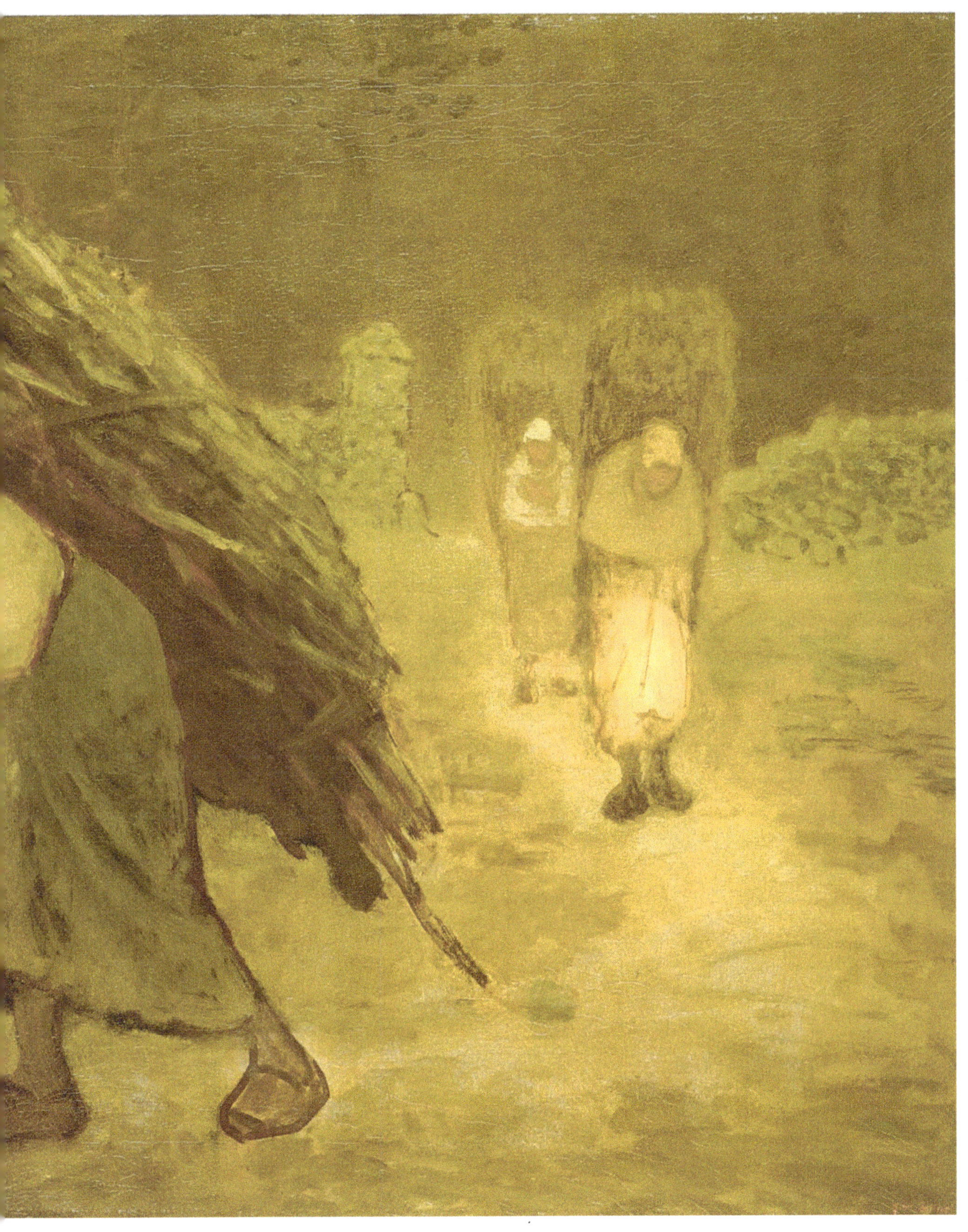

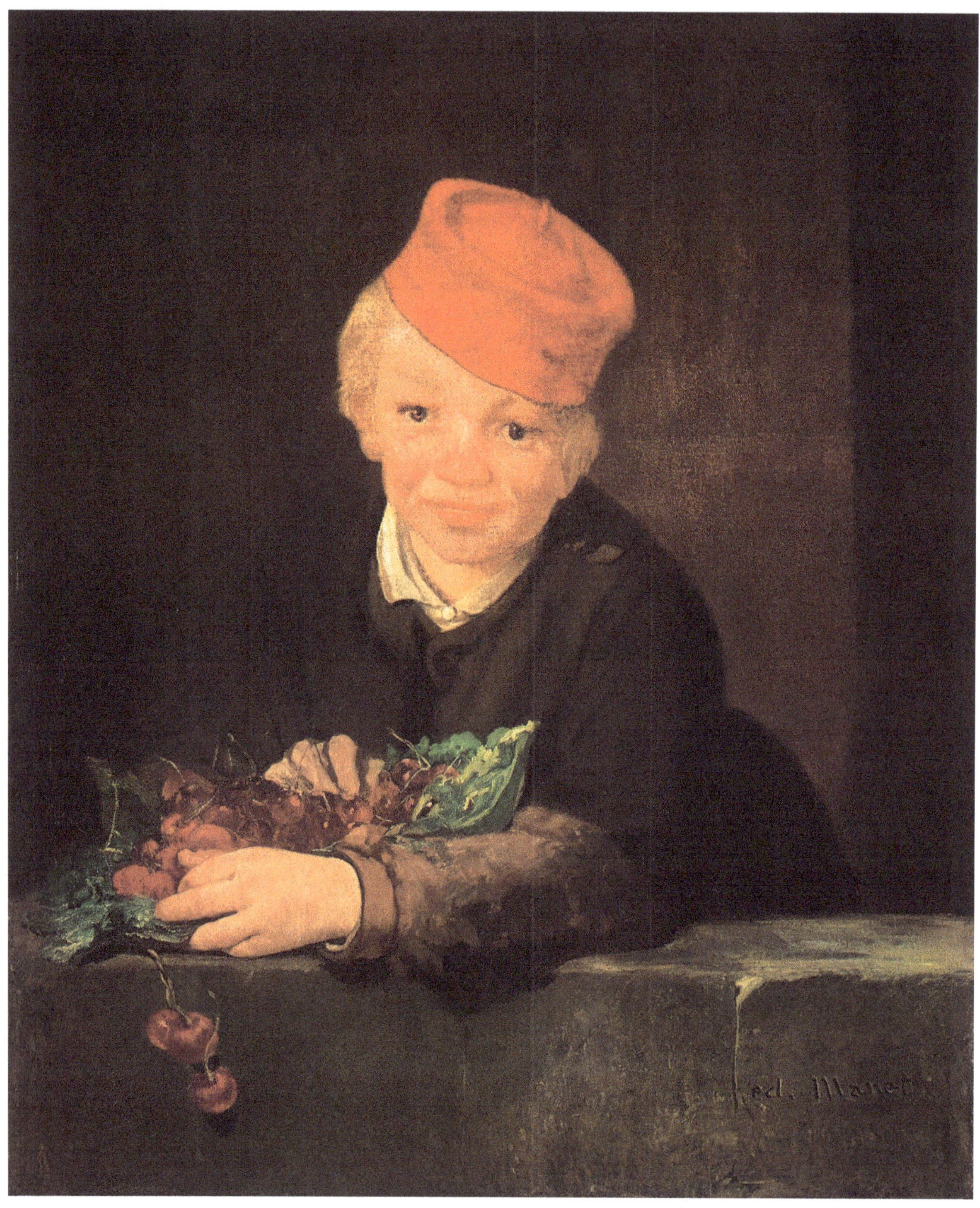

ÉDOUARD MANET

(Paris, 1832-1883)

Manet est l'un des plus célèbres artistes de la seconde moitié du XIXe siècle, lié aux impressionnistes sans faire vraiment partie de leur groupe. Chérissant son indépendance, il eut une grande influence sur la peinture française, en partie due au choix de ses sujets tirés de la vie quotidienne, de son usage de couleurs pures et de sa technique rapide et libre. C'est son œuvre qui assura la transition entre le réalisme de Courbet et la vision novatrice des impressionnistes. Issu de la grande bourgeoisie, il choisit de devenir peintre après avoir raté son entrée à l'École navale. Il se forma auprès de Thomas Couture, un peintre académique, mais c'est grâce à ses nombreux voyages à travers l'Europe, qu'il entreprit dès 1852, qu'il commença à se faire une idée de ce qu'allait être son style propre. Ses premières peintures étaient essentiellement des scènes de genre, inspirées par son amour pour les maîtres espagnols comme Velázquez et Goya, et le portrait. C'est en 1863 qu'il présenta son chef-d'œuvre Le Déjeuner sur l'herbe(ci-contre) au Salon des refusés. Son œuvre déclenchant une polémique entre les défenseurs de l'art académique et les jeunes artistes « refusés », il devint le chef de file de cette nouvelle génération d'artistes. À partir de 1864, le Salon officiel accepta ses travaux, provoquant toujours de véhémentes protestations comme ce fut le cas avec Olympia (n° 701) en 1865. En 1866, l'écrivain Zola écrivit un article en faveur du travail de Manet. À cette époque, le peintre était ami avec tous les futurs grands maîtres impressionnistes : Edgar Degas, Claude Monet, Auguste Renoir, Alfred Sisley, Camille Pissarro et Paul Cézanne, qui s'influençaient les uns les autres ; pourtant il restait délibérément à l'extérieur du groupe. En effet, en 1874, il refusa de présenter ses peintures lors de leur première exposition. Sa dernière apparition dans un Salon officiel fut en 1882 avec Un Bar aux Folies Bergère (n° 736), l'une de ses œuvres les plus connues. Atteint par la gangrène au cours de l'année 1883, il peignit des natures mortes de fleurs jusqu'au moment où il ne s'en sentit plus capable, et il mourut en laissant derrière lui un grand nombre de dessins et de peintures.

◀ *L'Enfant aux cerises*, 1858-1859.
Huile sur toile, 65,5 x 54,5 cm.
Fondação Calouste Gulbenkian, Lisbonne.

▼ *Portraits de monsieur et madame, Auguste Manet*, 1860.
Huile sur toile, 110 x 90 cm.
Musée d'Orsay, Paris.

▼ *Le Chanteur espagnol*, 1861-1862.
Huile sur toile, 147 x 114 cm.
The Metropolitan Museum of Art, New York.

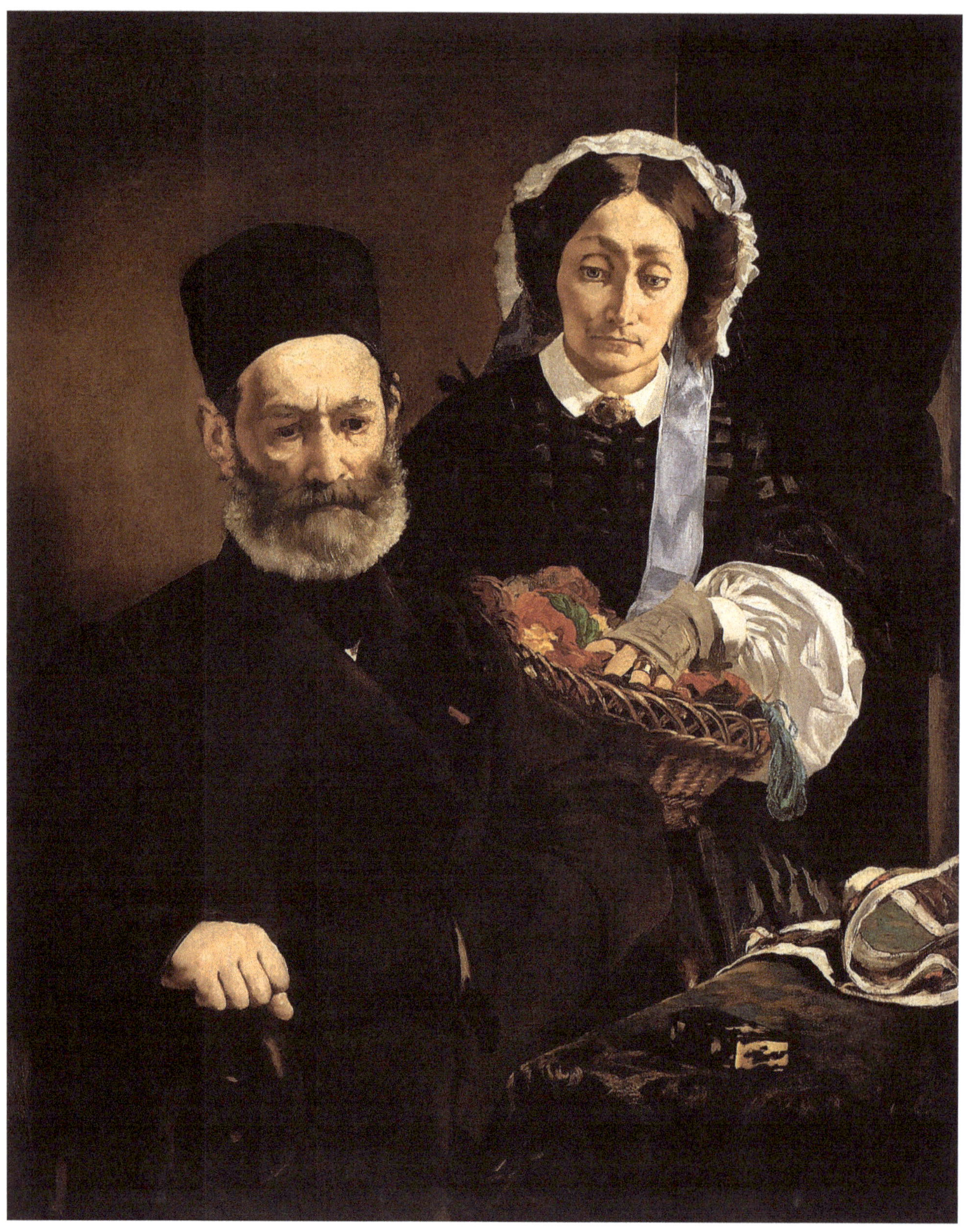

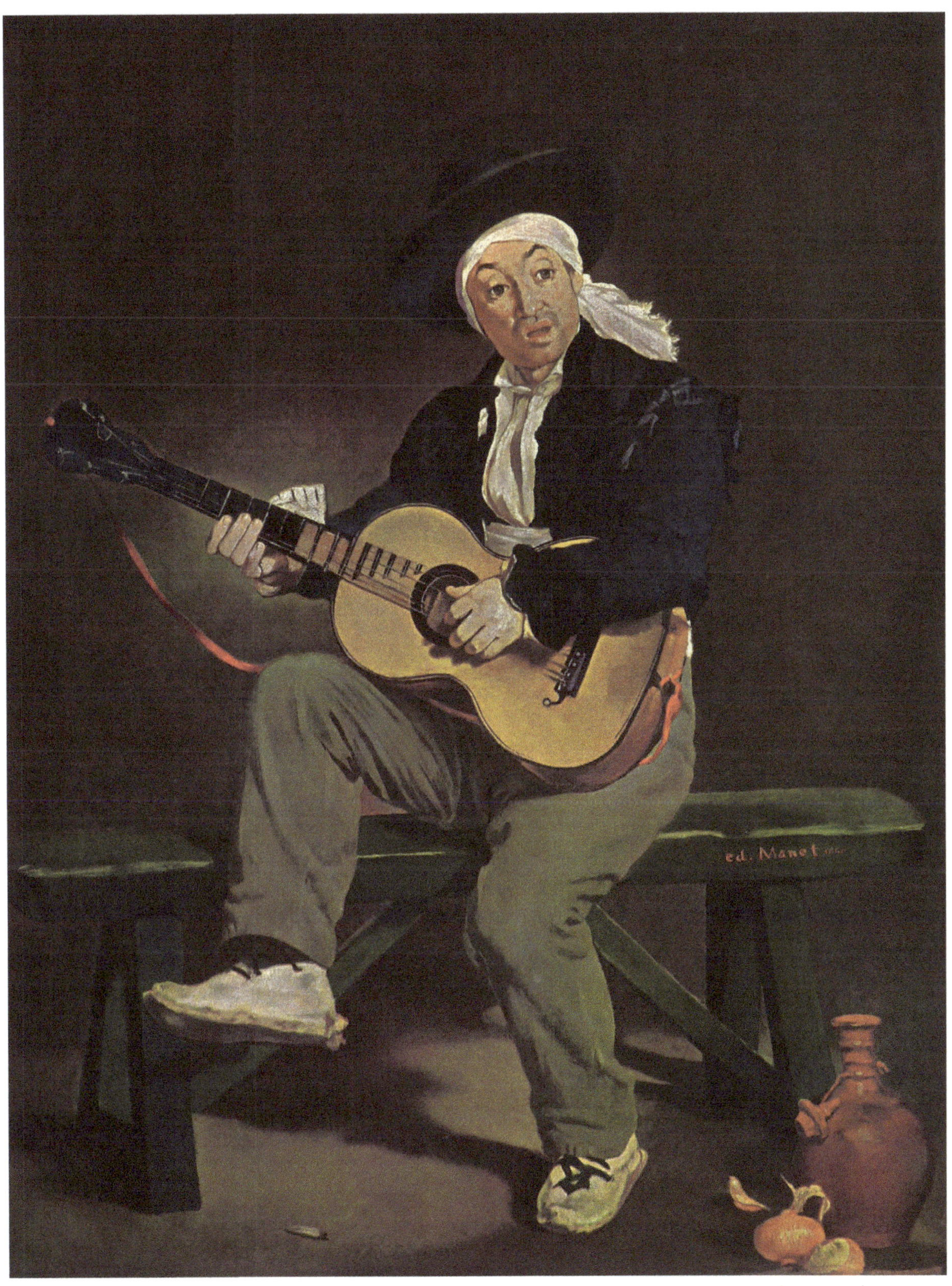

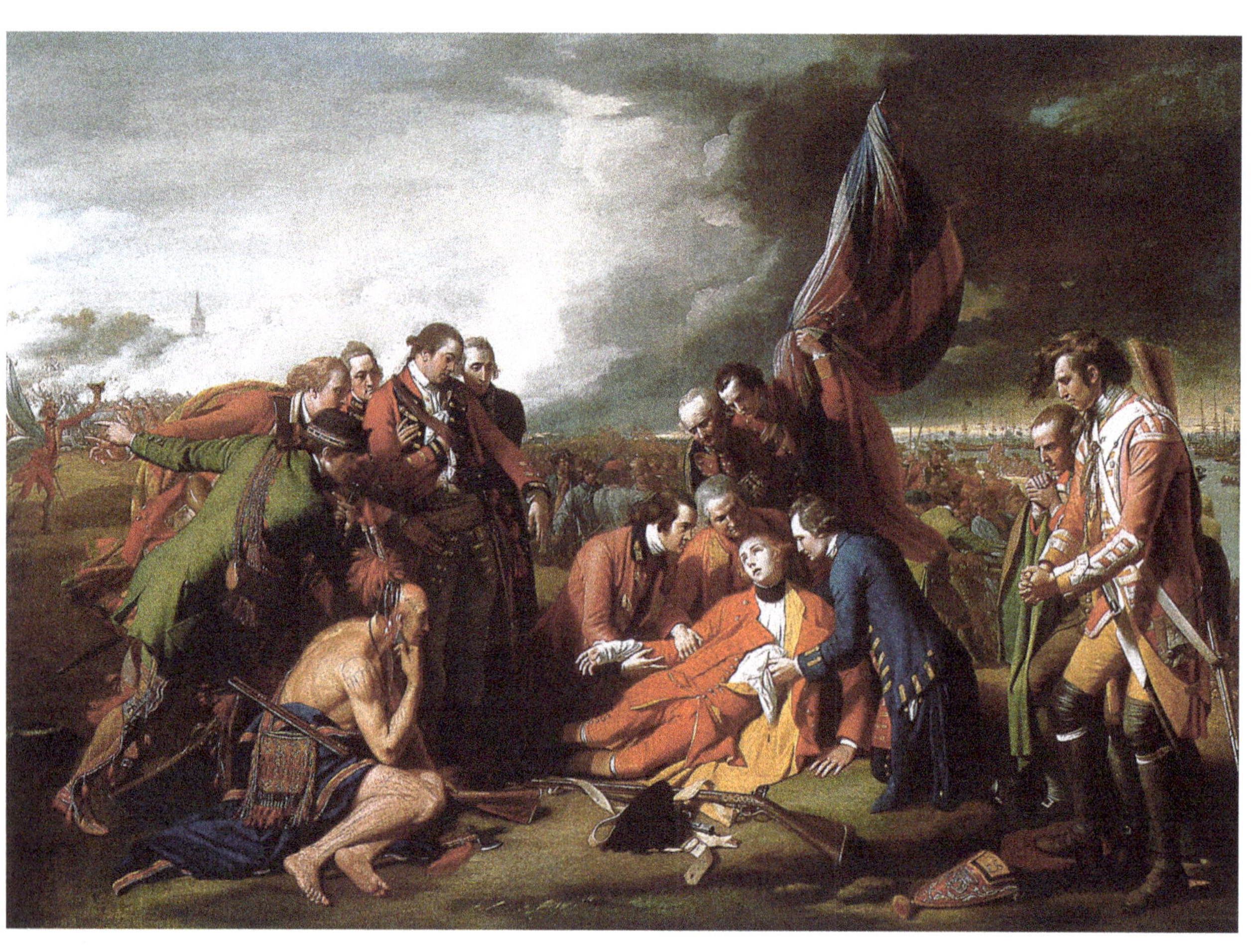

BENJAMIN WEST

(Springfield, 1738 – Londres, 1820)

En 1760, West fut le premier Américain à étudier l'art en Italie. Au cours des trois années qu'il y passa, il fut influencé par Titien et Raphaël, ainsi que par l'avènement du mouvement néoclassique. Il gagna l'attention et l'admiration de George III, qui le nomma membre fondateur de la Royal Academy, dont il devint président en 1792. Il donna un nouveau souffle au néoclassicisme, peignant des sujets historiques plus de dix ans avant David en France. Il est aujourd'hui considéré comme le père de la peinture américaine, non pas pour ses tableaux, mais parce qu'il forma de grandes figures de la peinture américaine comme John Singleton Copley, Charles Peale, Gilbert Stuart et John Trumbull, ainsi que des hommes de talent qui ne se firent pas forcément un nom en tant que peintres comme Robert Fulton et Samuel F. B. Morse. Bien qu'il ne retournât jamais aux États-Unis, il demeura fidèle à son héritage en refusant d'être anobli. Il est enterré dans la cathédrale Saint-Paul à Londres.

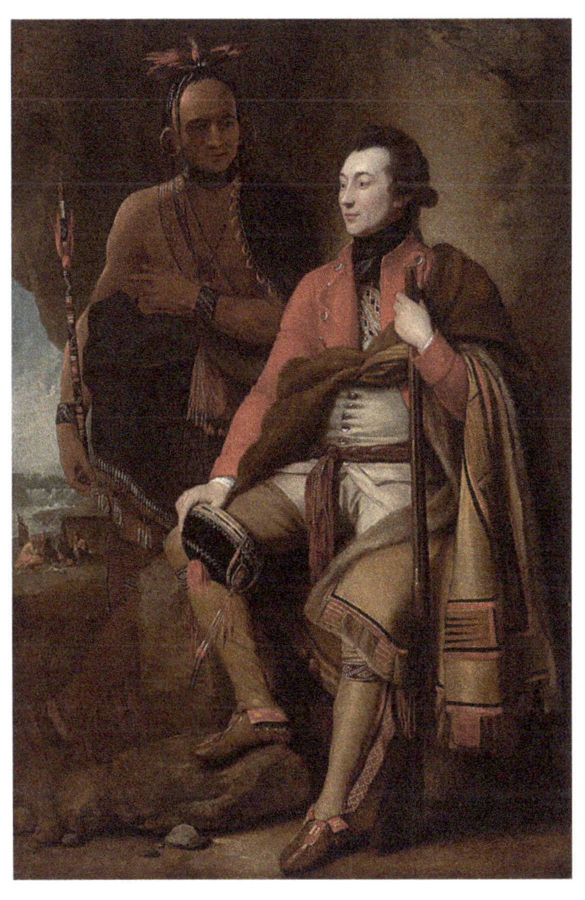

▲ *Colonel Guy Johnson* et *Karonghyontye (capitaine David Hill)*, 1776.
Huile sur toile, 202 x 138 cm.
Galerie Nationale d'art, Washington, D.C.

◀ *La Mort du Général Wolfe*, 1770.
Huile sur toile, 152,6 x 214,5 cm.
National Gallery of Canada, Ottawa.

LISTE DES ILLUSTRATIONS

ART HISTORY COLLECTION

Abstract Art

Art Deco

Art Nouveau

Baroque

Byzantine Art

Chinese Art

Cubism

Dada

Early Italian Art

Egypt Art

Expressionism

Gothic Art

Greek Art

Impressionism

Indian Art

Naive Art

Neoclassicism

Persian Art

Post-Impressionism

Realism

Renaissance

Pre-Raphaelites

Rococo

Roman Art

Romanesque Art

Romanticism

Surrealism

Symbolism

The Fauves

The Viennese Secession